SALCIA LANDMANN

Mein Galizien

Salcia Landmann

Mein Galizien

Das Land hinter den Karpaten

Herbig

Zu den Abbildungen

Vorderer Vorsatz
Linke Seite: Dorfkaten in Ostgalizien. – Ruthenische Dorfkinder. –
Briefumschlag des Urgroßvaters mütterlicherseits: Isaak Semann,
einer der ersten jüdischen Großgrundbesitzer der
Donaumonarchie. – Die Großeltern mütterlicherseits: Hersch
Gottesmann und seine Frau Sabina, geborene Semann.
Rechte Seite: Dorfkate in Ostgalizien. – Großvater Hersch Gottes-
mann (hinten) auf der Verandatreppe zu seinem Garten in
Żółkiew mit Einquartierung aus Wiener Neustadt, 1918 –
und (links außen) seine Söhne Elias und Israel als Einjährig-
Freiwillige der k.u.k. Armee mit Kameraden. – Ansicht von Żółkiew,
Wohnort der Autorin als Kind mit den Großeltern.

Hinterer Vorsatz
Linke Seite: Die Synagoge von Żółkiew. – Der polnische
Nationaldichter Adam Mickiewicz (1798–1855). – Die Autorin
fünfjährig als Klosterschülerin beim Orden der Felicianerinnen und
sechsjährig in St. Galler Stickerei mit den Eltern Regina
und Israel Passweg.
Rechte Seite: Verwandte mütterlicherseits: die Brüder Feuerstein-
Semann, Offiziere der k.u.k. Armee, mit ihrer Schwester – später
alle ermordet. – Greta Gottesmann, Tochter des Vetters Leo
Gottesmann, die von einem verliebten Polen vor dem Holocaust
gerettet wurde, mit ihrem Sohn Leo, den sie von ihm hat. Er wurde
israelischer Offizier. – Im Alter: Großmutter Sabina Gottesmann –
und Mutter Regina Passweg.

(Sämtliche Fotos stammen aus dem Besitz der Autorin.)

Am Ende des Buches, auf den Seiten 236/237,
ist die Landkarte »Galizien« (aus »Meyers Großes Konversations-
Lexikon«, Neunzehnter Band, Bibliographisches Institut,
Leipzig und Wien 1908) abgedruckt.

Neu durchgesehene und erweiterte Ausgabe
des 1975 und 1983 unter den Titeln »Bilderbogen aus Ostgalizien«
bzw. »Erinnerungen an Galizien« erschienenen Titels.

© 1995 by F. A. Herbig Verlagsbuchhandlung GmbH, München
Alle Rechte vorbehalten
Schutzumschlaggestaltung: Bernd und Christel Kaselow, München
(Illustration: »Samstagnachmittag« von Ilex Beller, Paris)
Satz: Schaber Satz- und Datentechnik, Wels
Gesetzt aus: 10,5/13 Punkt Bauer Bodoni in PostScript
Druck und Binden: Wiener Verlag, Himberg
Printed in Austria
ISBN: 3-7766-1921-X

Inhalt

Vorwort 11

Über mich 11
Warum ich schreibe 12
Zu diesem Buch 14
Polnischer Nationalismus und Katholizismus 15
Protestantismus als »Ketzerei«! 16
Das sowjetisierte Museum der Stadt Lemberg 19

Wo liegt – wo lag Galizien? 23

Es war im Sommer 1914 27

Die ahnungsvollen Ruthenen 29
Der fidele Bauer 30
Analphabeten als Finanzgenies 32
Aufbruch mit Tee und Mais 34
Der verdächtigte Pope 36
Ein Jude ohne Bart 38
Juden verlassen Rohatyn 45

Unter russischer Besatzung 48

Der Prior und die Kosaken 49
Der arme »Fürst Sapieha« 50
Blutige Mißverständnisse 53
Die verkannte Gymnasiastenuniform 54

Der Hetman und die Steinpilze 58
Der schöne Tscherkessenjüngling 63
Der fürstliche Geldbote 64
Nach Kriegsende 66
Großvater als Geisel 67

Von Ärzten und eingebildeten Kranken 69

Gesund wie ein Roß 72
Dunkle Vorahnung 74

Der letzte Reiseführer durch Galizien 77

Diskriminierte Ruthenen 80
Nationalitätenfeindschaften 81
Chassidische Wunderrabbis 83
Galizische Synagogen 84
Reisen am Sabbat 90

Christen, Juden und ihre Festtage 92

»Ökumenische« Mazzen 94
Weihnachten unterm Tisch 96
Kartenspiel zur Weihnacht 98

Hochzeit à la Chagall 100

Auf jüdischen Dächern 100
Das bräutliche Haaropfer 103
Die Haarfrevlerin 107
Musik ohne Noten 109
Der Badchen 110

Tänze und Polonaisen *111*
Perl Parech verheiratet ihren Sohn *111*

Liebe und Ehe sind zweierlei 116

Der jüdische Vater des Kardinals *119*
Wer ist die Braut? *121*
Die Sippe der Jäckels *123*
Wie der Großvater die Großmutter fand *126*
Lea, die Grafentochter *129*
Lohn der Gutmütigkeit *130*
Ein ungleiches Paar *132*
Ein unmöglicher Gutsherr *134*
Die Schrankenwärtersfrau und die Wölfe *136*
Die vorwurfsvollen Ahnen *137*
Die armen Leute von Żółkiew *138*
Die wohltätige Kuh *140*
Die »feministischen« Familiennamen
der Ostjuden *141*
Der talmudgelehrte Bauexperte *144*

In den Häusern der Armen 146

Julkas Untermieter *148*
Vaterlose Kinder *151*
Polka, die Engelmacherin *152*
Der »väterliche« Pope *154*

Die Welt der Außenseiter 158

Bordellwelt *159*
Arme Mädchen *161*

Die Rote Baschja *162*

Baschjas Enkelin in der Nonnenschule *163*

Talmudgelehrtheit und Wunderglaube *164*

Baschjas Etablissement *169*

Die schöne Esterka und der Husar *169*

Der Fehltritt *171*

»Faule Zähne« *172*

»Aber nein! Du bist keine Jüdin!« *173*

»Zweie hoben ein Kleid auf« *176*

»Das wird dein Ende sein!« *178*

Jüdischer Messianismus im polnischen
Nationalismus *179*

Der »Halbjude« Adam Mickiewicz *182*

Die getauften polnischen Juden und die
Französische Revolution *186*

Dienstboten und Nachbarn *189*

Michalina, die Magd *190*

Die Kinder der schönen Pani Kubisch *193*

Liebesromanzen *197*

Elias und Klara *197*

Enttäuschung *202*

Die scharfsinnigen Gottesmanns *203*

Das Klangduell *203*

Die verzauberte Wachtmeisterin *206*

Sprachschwierigkeiten *207*

Der weise Rabbi *208*

Vaterstolz   *210*

Brüderliche Schachzüge   *210*

Heirat nach Talmud   *212*

Der wählerische Großvater   *212*

Galizische Jungintellektuelle   *214*

Traurige Lieder   *215*

Salo, der Schandfleck der Sippe   *217*

Die Tochter des Wunderrabbis   *222*

Einem Lumpen leiht man nichts   *222*

Arme soll man nicht pfänden   *224*

Großvater rät zur Mischehe   *225*

Ausklang und Ende   228

Vorwort

Über mich

Bekannt wurde ich durch mein Buch »Der jüdische Witz, Soziologie und Sammlung« und eine Reihe von weiteren Sachbüchern über das Judentum. Geboren bin ich in Ostgalizien, wo ich die ersten Lebensjahre im Haus meiner Großeltern verbrachte. Die Eltern waren 1914 vor den einmarschierenden russischen Truppen in die Schweiz geflohen, kehrten aber nach Kriegsende nicht zurück, weil es jetzt die Donaumonarchie, zu der auch Galizien gehört hatte, nicht mehr gab und die Polen ihre Freude über ihren wiedergewonnenen Staat mit der Ermordung von dreitausend Juden in Lemberg zelebrierten. Daher übersiedelten auch die Großeltern mit dem Enkelkind in die Schweiz und entkamen dadurch dem Untergang der gesamten restlichen Familie in den Hitlerjahren. Aber die verlassene Heimat lebte in ihnen weiter, manifestierte sich in einer Fülle überlieferter Begegnungen und Geschichten. Von dieser untergegangenen Welt erzähle ich in diesem Buch.

April 1995

Dr. phil. Salcia Landmann
Winkelriedstr. 1
CH-9000 St. Gallen

Warum ich schreibe

Manche wissen schon als Kinder, was sie später einmal tun wollen. Ich wußte es sogar als Erwachsene noch lange nicht. Mein erstes und zugleich erfolgreichstes Buch »Der Jüdische Witz« erschien erst 1960; geboren bin ich aber am Ostrand der Donaumonarchie Ende 1911. Und daß ich überhaupt schreibe, geht fast nur auf einen Zufall zurück:

Das war kurz vor dem Zweiten Weltkrieg in Basel, wo ich beim bekannten Leibnizspezialisten H. Schmalenbach Philosophie studierte. In einer Übung behandelten wir die Kantschen Aporien, die um die unlösliche Frage kreisen, ob Raum und Zeit endlich oder unendlich sind, was man sich beides gleich schlecht vorstellen kann. Kant löst das Problem genial, aber irritierend durch die Behauptung, man brauche sich hierüber den Kopf nicht zu zerbrechen, weil Raum und Zeit nicht Attribute des »Seins an sich«, sondern nur menschliche Vorstellungsformen seien.

Ich wandte ein, Kants Auflösung des Problems erinnere bedenklich an den alten jüdischen Witz von dem Handelsreisenden, der ausmalt, wie sich sein Kutscher in einer stürmischen Winternacht in den Karpatenwäldern verirrte und den nachjagenden Wolfsrudeln ein Pferd nach dem andern zum Fraß vorwarf. Die Bestien waren aber immer noch hungrig. »Schon spürte ich« – beschließt der Mann seinen Bericht – »den stinkenden Atem eines Wolfes im Genick – doch was tut Gott? Die ganze Geschichte ist nicht wahr gewesen ...« Schmalenbach, an sich Liebhaber jüdischer Witze, wandte sich mit einem ärgerlichen »Äh!« von mir ab.

Mir aber wurde in diesem Augenblick klar, daß es auf der ganzen Welt keinen zweiten Volkswitz gibt, den man in einer philosophischen Debatte überhaupt zitieren könnte, und daß sich zahlreiche nicht nur philosophische, sondern auch soziologische, politische, psychologische, kulturhistorische und andere Fragen mit Hilfe jüdischer Witze oft besser beantworten ließen als durch tiefgründige, ermüdende Auslassungen. Das war, wie ich rasch begriff, kein Zufall. Der Witz ist die letzte Waffe des Wehrlosen, und wehrlos einer meist feindlichen Umwelt ausgeliefert waren die Juden im Exil seit zweitausend Jahren. Hinzu kam das geistschärfende Talmudstudium praktisch aller traditionsverhafteten jüdischen Männer schon von Kindheit an. Beides zusammen verlieh dem jüdischen Volkswitz seine einzigartige Tiefe, Bitterkeit, Schärfe und formale Vollendung.

Und so begann ich, nach jüdischen Witzen zu »fahnden«: durch Befragung judaistisch gebildeter Ostjuden und durch Suchen und Sammeln jüdischer Witzliteratur in Jiddisch, Hebräisch und in allen europäischen Sprachen. Selber ein Buch über jüdischen Witz zu schreiben beschloß ich aber erst zwanzig Jahre nach dem jüdischen Holocaust, als sich erwies, daß unter den wenigen Überlebenden der judaistisch gebildeten ostjüdischen Intelligenz sich offenbar keiner fand, der nach all den erlittenen Katastrophen bereit war, sich der vom Untergang und vom Vergessenwerden bedrohten jüdischen Witzfolklore anzunehmen. Mein Buch, obgleich überquellend von Heiterkeit (wie sollte es bei einer Witzesammlung auch anders sein?) war und ist im Grunde ein Nekrolog und Requiem auf die ausgelöschte ostjüdische Gemeinschaft. Und denselben Sinn erfüllten auch meine nachfolgenden Bücher über die jiddische Sprache, Kultur, Küche und Rasse sowie meine ausführlich erläuterten Übersetzungen aus der jiddischen Literatur, in der das furchtbare Elend der ostjüdischen Massen mit einer eigentümlichen Mischung aus Lachen und Weinen psychisch bewältigt wird.

Zu diesem Buch

Immer öfter dachte ich hierbei an meine zuvor schon fast vergessene Kindheit im damals österreichischen Ostgalizien zurück, und immer deutlicher erkannte ich, je öfter neue Nachrichten von dorther herüberdrangen, in welchem Ausmaß dort inzwischen nicht nur die Juden, sondern auch alle andern Volksgruppen der einst so bunt und pittoresk zusammengefügten Kulturwelt ausgelöscht worden waren. Sie gehört heute restlos der Vergangenheit an. Und so beschloß ich, mit etlichen Episoden aus meiner Kindheit jene Zeit und Umgebung heraufzubeschwören. –
Als die Erstausgabe dieses kleinen Buches 1975 erschien, empfanden die Leser, mit Ausnahme der sehr wenigen, die ebenfalls dorther stammten, die Erzählungen als exotisch, fast skurril und jedenfalls sehr fremdartig. Seither ist aber ein ganz neues, intensives Interesse an der Kulturwelt am Ostrand des damaligen Altösterreich aufgekommen: Jüdische und jiddi-

sche Schriftsteller aus jener Region werden jetzt viel gelesen, deutsche Rückkehrer aus dem östlichen Polen und der Ukraine und jüdische Auswanderer, letzte Repräsentanten jenes einzigartigen Kulturspektrums, vermitteln ein neues Verständnis ihrer alten Heimat. Und schließlich weckte der kühne polnische Versuch, den ideologischen und politischen Druck der Sowjetmacht zu lockern, Sympathien für das polnische Land, von dem allerdings die Russen gerade den ostgalizischen Teil, in welchem meine kleinen Geschichten spielen, abgetrennt und ihrem eigenen Staat einverleibt haben.

Nun: Heroisch waren die Polen schon immer, wenn es um ihre Nation und Heimat ging. Doch ihr Mut half ihnen meist wenig. Teils lag das an ihren eigenen, manchmal vermeidbaren Fehlern. Vor allem aber an der geographischen Lage ihres zwischen feindlichen Großmächten eingeklemmten Landes.

Polnischer Nationalismus und Katholizismus

Und doch haben sie dann etwas scheinbar Unmögliches zuwege gebracht: Sie sind, einer atheistischen Staatsdoktrin zutrotz, bis in die höchsten Parteiränge hinauf kompromißlose gläubige Katholiken geblieben. Vielleicht gelang ihnen dieses so Unwahrscheinliche, weil sich die Eroberer und Unterdrücker Polens zugleich konfessionell von ihnen unterschieden: Die Preußen waren protestantisch, die Russen russisch-orthodox. Nur Österreich, dem bei der letzten Teilung des Landes vor dem Ersten Weltkrieg Galizien zufiel, war gleichfalls katholisch. Hier aber wurden die Polen in keiner Weise unterdrückt und diskriminiert, sie konnten hier sogar, wenig behindert durch die Wiener Zentralregierung, ihrerseits das griechisch-katholische ruthenische Landvolk unterdrücken. Und niemand hinderte sie hier, ihre nationalen Gedenktage in schmucker polnischer Tracht mit der Pfauenfeder auf der Quadratmütze zu feiern. Zu Tausenden strömten sie von weither hierfür zum Beispiel in Żółkiew (wo ich meine ersten Lebensjahre verbrachte) zusammen, um der dort geborenen polnischen Helden aus dem Türkenkrieg, Żółkiewski und König Sobieski, mit Gebeten und nostalgisch-patriotischen Gesängen zu gedenken. Die Freiheit, die die Polen in Altösterreich genossen, hinderte sie aber nicht daran, sich der Unterdrückung ihrer Landsleute in den übrigen Teilen des einstigen polnischen Staates zu erinnern. Das schlug sich unter anderm im Haß gegen die deutsche Sprache nieder (wiewohl dies ja zugleich die Landessprache des katholischen Wien war!) und gegen den Protestantismus, obgleich man sich mit den zahlreichen, in Ostgalizien siedelnden protestantischen Schwaben und Sachsen gut vertrug. Hierzu eine skurrile Episode:

Protestantismus als »Ketzerei«!

In der Klosterschule, die meine Mutter, wiewohl Jüdin, besuchte, gab eine Nonne aus dem preußisch-polnischen Grenzgebiet den Deutschunterricht. Sie mißbrauchte aber die »Deutschlektionen« dazu, mit den kleinen Mädchen patriotische polnische Lieder zu singen und den Kindern ihren Abscheu vor dem Protestantismus, vor allem aber vor dem »Ketzer« Luther einzuimpfen. So kam es, daß meine Mutter nach ihrer Flucht in die Schweiz zu Beginn des Ersten Weltkriegs kein Wort Deutsch konnte und die Schweizer nur deshalb ein wenig verstand, weil Schwyzerdütsch ein wenig Ähnlichkeit mit Jiddisch hat und meine Mutter zum Glück neben Polnisch und Ruthenisch auch Jiddisch beherrschte.

Wir sehr es der »Deutschlehrerin« aber gelungen war, das kleine jüdische Mädchen in ihrem Sinn zu indoktrinieren, zeigte sich, als Mutter, nachdem die Eltern sich an ihrem Zufluchtsort St. Gallen etwas etabliert hatten, ein Dienstmädchen einstellen wollte. Es kam eine junge Bewerberin, die meiner Mutter gut gefiel. Über die Konditionen hatte man sich schon fast geeinigt. Da sagte meine Mutter: »Natürlich können Sie jeden Sonntag zur Messe gehen.« Das war damals nicht selbstverständlich. Viele Hausmädchen bekamen nur Sonntag nachmittag ein paar Stunden frei. Das Mädchen aber entgegnete: »Ich gehe nicht zur Messe. Ich bin protestantisch ...«

Meine Mutter erstarrte. Sie ging zu meinem Vater ins Nebenzimmer, wo er mit einem Auslandskunden eine Besprechung hatte, und fragte: »Was soll ich bloß tun? Da ist ein Mädchen, das mir gut gefällt. Aber stell dir vor: Sie ist eine Ketzerin!«

Mein Vater hatte keine polnische Klosterschule besucht, sondern bei Rabbinern den Talmud studiert. Über Ketzerei wußte er nur aus dem jüdischen Glau-

bensbereich Bescheid: In seiner Geburtsstadt Rohatyn hatten die beiden jüdischen Pseudomessiasse
Sabbatai Zwi (1626–76) und Jakob Frank (1726–91)
durch ihre wirren Lehren chaotische Zustände mit
wüsten rituellen Gruppensexorgien ausgelöst. Bis in
die Gegenwart erzählte man sich mit Grausen, daß
damals Chanele, die schöne junge Tochter des Syna-
gogendieners, im Bethaus nackt vor den Männern getanzt hatte! Und immer noch verhöhnte man die Ro-
hatyner Juden als »Schabbse-Zwinikess« (Sabbatai-
Zwi-Anhänger).
Es war meinem Vater natürlich klar, daß ein braves
christliches Dienstmädchen mit all dem nichts zu tun
haben konnte. Aber er hatte keine Zeit, sich darüber
den Kopf zu zerbrechen. Und also entschied er:
»Wenn du für das gleiche Geld eine anständige Katholikin haben kannst – was brauchst du dich dann
auf eine Ketzerin einzulassen?« Und so hatten wir
von da an immer nur katholische Hausmädchen...
Erst heute, sechzig Jahre später, begreife ich aus den
aktuellen Vorgängen in Polen, daß dieses alberne
Vorurteil gegen die Protestanten, mit welchem jene
polnische Nonne ihre Schülerinnen infizierte, nur die
– allerdings lächerliche – Kehrseite der starken Iden-
tifikation des polnischen Nationalismus mit dem Katholizismus war, die dann den Polen die Kraft und
den Mut gab, unter sowjetischer Vorherrschaft gläubige Katholiken und tapfere Patrioten zu bleiben.

Das sowjetisierte Museum
der Stadt Lemberg

Unmöglich geworden ist natürlich jede Dokumentation von polnischem Patriotismus und Katholizismus heute in jenen Regionen Ostgaliziens, die Rußland sich selbst einverleibt hat. Denn dort wurden – wie ich in meinem kleinen Buch ausführe – alle früheren Einwohner (Polen, Ruthenen, Juden) ausgerottet oder vertrieben.

Aber bereits 1939, also zu einem Zeitpunkt, da es alle drei Volks- und Religionsgruppen dort noch gab, haben die dort einmarschierten sowjetischen Machthaber auf eine verblüffende Weise für die Uminterpretation der polnischen Geschichte Ostgaliziens im marxistischen Sinne gesorgt. Hierüber berichtet ein Czernowitzer »volksdeutscher« Zeitungsredakteur, der Lemberg vor dem Zweiten Weltkrieg gut kannte und dann beim deutschen Vormarsch wieder hinkam. Er suchte das »Städtische Museum von Lemberg« auf. Das Gebäude hatte den deutschen Einmarsch unversehrt überstanden. Und auch die einzelnen Ausstellungsstücke schienen sowohl bei der russischen wie bei der deutschen Invasion unberührt geblieben zu sein. Auch die schöne Waffensammlung des Museums war noch hier: Da lagen und standen nach wie vor die mittelalterlichen Hellebarden und Morgensterne und die kostbaren Säbel aus dem achtzehnten Jahrhundert.

Gewandelt hatten sich aber die kommentierenden Täfelchen neben den Waffen. Zuvor waren die Hellebarden und Morgensterne als Waffen der mittelalterlichen Lemberger Stadtwächter bezeichnet gewesen. Und über die Säbel mit ihren luxuriösen, kunstvollen Griffen erfuhr man schon aus den Inschriften, die auf den Klingen eingraviert waren, daß Adelsherren ihren Söhnen diese Prunkstücke zur Volljährigkeit oder »Mannbarkeit« geschenkt hatten. Als mögliche Feinde hatte man hier, im äußersten Ostteil des Landes, hundert Jahre nach dem Sieg über die türkischen Armeen und deren Vertreibung aus dem slawischen Siedlungsraum, dabei ohne Zweifel nur Russen im Auge.

Was aber stand jetzt auf den kommentierenden Täfelchen? Dies seien – so hieß es nunmehr – die Waffen der aufständischen leibeigenen Bauern gegen die polnischen Gutsherren ...

Nun: Es hatte hier tatsächlich sporadische lokale Rebellionen der ruthenischen Bauern gegen die polnischen Gutsbesitzer gegeben, aber erst nach der Befreiung der Bauern von der Leibeigenschaft und Robotpflicht durch das österreichische Gesetz im neunzehnten Jahrhundert. Da gab es jedoch längst keine Hellebarden und Morgensterne mehr. Und hochelegante, am Griff kostbar dekorierte Säbel wurden zwar nach wie vor geschmiedet. Aber wie hätten die armen Bauern an dergleichen Luxuswaffen überhaupt herankommen sollen?

Natürlich hätte jeder Museumsbesucher die Wahrheit über die Exponate rasch erkannt, wenn er die auf den Säbelklingen eingravierten Inschriften hätte lesen können. Die Klingen waren aber vorsichtshalber mit schwarzem Tuch überzogen worden, gleichsam, um die Trauer über die mißglückten Bauernaufstände auszudrücken.

Nicht nur die Einwohner selbst waren also vertrieben und vernichtet: auch ihre Geschichte sollte vergessen und ausgelöscht werden ...

Hier, in diesen kleinen Episoden, sei ihrer aller noch einmal gedacht.

Wo liegt – wo lag Galizien?

Den Namen »Galizien« findet man heute auf keiner Landkarte mehr. Bis 1918 hieß so jener Teil des einstigen Königreichs Polen, der bei der etappenweisen Zerstückelung des Landes seit dem achtzehnten Jahrhundert an die Donaumonarchie fiel. Der Name dieses österreichischen Kronlandes, eine Sprachschöpfung der Wiener Zentralverwaltung, lautete vollständig »Galizien und Lodomerien«, hergeleitet von »Halicz« und »Wladimir«, zwei einstigen Fürstentümern dieser Region. Nach 1918 fiel Galizien an das wiedererstandene Polen zurück, nach Ende des Zweiten Weltkriegs blieb die Westhälfte mit Krakau beim nunmehr kommunistischen polnischen Staat, der Ostteil mit der früheren Hauptstadt Galiziens Lemberg (heute ukrainisch Lwow) gehört jetzt zu Rußland.

Im Westen stieß das einstige Galizien an Österreichisch- und Preußisch-Schlesien, nordwestlich bildete die Weichsel die Grenze gegen die russisch besetzte größere Hälfte des einstigen Polen, weiter östlich durchlief die Nordgrenze gegen Russischpolen das Flußgebiet des Bug und des Styr. Nach Osten war Galizien durch den Zbrucz von der Ukraine abgetrennt. Südlich davon grenzte das Kronland an die Bukowina mit dem deutschen Kulturzentrum Czernowitz. Die Südgrenze gegen Ungarn verlief im Ostteil durch die Karpaten, im Westteil durch die Beskiden. Parallel zu den Karpaten ist der Ostteil des Gebietes vom Dnjestr durchflossen.

Nördlich vom Dnjestr liegt Lemberg, nördlich davon die kleine Residenzstadt Żółkiew, in der ich geboren bin. Südöstlich der Hauptstadt liegt Rohatyn, der Geburtsort meines Vaters, östlich davon, nahe der damaligen russischen Grenze, die fast rein jüdische Stadt Brody, in welcher die galizischen Erzählungen von Joseph Roth spielen. Südlich von Lemberg, auf der andern Seite des Dnjestr, schon fast am Rand der Karpaten, liegt Drohobycz mit seinen Ölgruben, das Städtchen, aus welchem der Urgroßvater Hugo von Hofmannsthals, ein Textilfabrikant namens Hofmann, nach Wien auswanderte. Südöstlich von Lemberg, schon auf halber Strecke zur damaligen russischen Grenze, liegt an einem Nebenfluß des Dnjestr Buczacz, der Geburtsort des Nobelpreisträgers für Literatur S. J. Agnon. Aus Buczacz stammen auch die rabbinischen Vorfahren des polnischen Satirikers Jerzy Lec und der Vater von Sigmund Freud. An einem weiteren Nebenfluß des Dnjestr liegt Czortków, einst die berühmte Residenz eines chassidischen Wunderrabbis. Dort spielen die antichassidischen Geschichten des lange Zeit fast vergessenen Karl Emil Franzos. Noch etwas weiter südlich, bereits auf dem Gebiet der Bukowina, residierte in Sadagóra ein noch weit berühmterer chassidischer Wunderrabbi. Und etwas östlich davon, in der Nähe des Pruth, verbrachte der BESCHT, der Baal Schem Tow (wörtlich: Herr des Gottesnamens, also Wundertäter), Israel

Ben Elieser, der Gründer der chassidischen Bewegung im achtzehnten Jahrhundert, den Großteil seines Lebens.

In diesem Land lebten – nahe beisammen, aber trotz enger wirtschaftlicher Verflechtung kulturell voneinander geschieden wie Öl und Wasser – Polen, Ruthenen und Juden. Und von hier flohen 1914 Tausende von traditionsgebundenen Juden in ihrer malerischen Tracht, die Israelreisende heute im orthodoxen Quartier Mea Schearim von Jerusalem bestaunen, nach Wien. Dort waren Ostjuden mit Kaftan, Bart und Pejess (Schläfenlocken) zuvor nur vereinzelt aufgetaucht. Jetzt prägten sie das Straßenbild ganzer Quartiere. Die Wiener gafften, staunten, lauschten dem merkwürdig gutturalen alten Deutsch der Flüchtlinge, das jetzt »Jiddisch« hieß, liefen ihnen nach und grölten:

»Die Gal-, die Gal-, die Galizianer,

Es mag sie kaaner, wie unseraaner ...«

Wobei es unklar blieb, ob »unseraaner« heißen sollte: »genau wie unsereins« oder, umgekehrt, ironisch: »außer unsereinem« ...

Jedenfalls wußten damals auch die primitivsten Wiener, wo Galizien lag und woher diese Juden kamen. Wollte man aber heute in Wien auf der Straße beliebige junge Menschen fragen: »Was wissen Sie von Galizien?«, so würden vermutlich manche antworten: »Nie das Wort gehört.« Andere wieder, die schon einmal die pyrenäische Halbinsel bereist oder einen besseren Schulunterricht gehabt haben, werden antworten: »So heißt der Nordostteil Spaniens«, denn in der Tat gibt es auch dort ein »Galicien«. Aber nur wenige werden noch wissen, daß es noch vor kaum achtzig Jahren auch ein österreichisches Galizien gab, ein Gebiet, dessen Fruchtbarkeit und landschaftliche Schönheit sich auch heute nicht verändert haben, dessen kulturelle und völkische Mannigfaltigkeit inzwischen jedoch restlos verschwunden ist.

Aus dieser Welt möchte ich ein paar Bilder heraufbeschwören.

Es war im Sommer 1914

Die Antwort darauf, wieso ich Hitler überlebte, scheint auf den ersten Blick denkbar einfach: In den fraglichen Jahren lebte ich, zusammen mit meinen Eltern und den Eltern meiner Mutter, nicht mehr in Ostgalizien, sondern in der Schweiz.

Diese Tatsache ihrerseits ist aber alles andere als selbstverständlich. Denn aus dem altösterreichischen Ostgalizien wanderte im allgemeinen nur das Elendsproletariat aus. Unter meinen Vorfahren aber hatte es seit Jahrhunderten keine armen Leute gegeben. Soweit die mündliche Familienüberlieferung und die Aufzeichnungen auf den leeren Blättern vorn und hinten in unseren Talmudfolianten zurückreichen, waren es nur approbierte Rabbiner, die aber selten ihr Amt ausübten, weil sie meist reich genug waren, um als Privatgelehrte zu leben. Andere Vorfahren wieder waren Großkaufleute, wieder andere Besitzer von Hotels, Mühlen, Sägewerken, Brauereien. Seit den sechziger Jahren des neunzehnten Jahrhunderts, von dem Zeitpunkt an also, da den Juden in Altösterreich der Erwerb von Latifundien erlaubt war, gab es in der Familie der Mutter vereinzelt auch Großgrundbesitzer. Manche Großonkel besaßen auch Erdölgruben in Drohobycz, dem Städtchen, aus dem seinerzeit der Urgroßvater von Hugo von Hofmannsthal ausgewandert war. Etliche Verwandte hatten auch die

Propinationsrechte, das heißt, das Alkoholmonopol, gewisser Distrikte inne.

Im zwanzigsten Jahrhundert tauchen auch immer häufiger Akademiker unter meinen Verwandten auf. Hatten sie genügend Mittel, um so, wie manche ihrer rabbinischen Vorfahren, ohne Broterwerb zu leben, dann wählten sie meist ein geisteswissenschaftliches Fach. Denn wenn es in jüngerer Zeit in Altösterreich auch keine diskriminierenden Judengesetze mehr gab, so blieb es für einen ungetauften Juden doch nach wie vor fast unmöglich, ein höheres Staatsamt zu erlangen. Gymnasial- oder Hochschulprofessor konnte er nur ausnahmsweise werden. Gerade in den wirtschaftlich und kulturell zurückgebliebenen slawischen Ostgebieten des Reiches hatte das allerdings weniger mit Antisemitismus zu tun als vielmehr damit, daß hier solche Stellungen rar waren. Die Polen, die hier die Oberschicht bildeten, reservierten sie daher für sich und ihre Söhne. Die Möglichkeiten aber, als Geisteswissenschaftler sein Brot freiberuflich zu verdienen, sind begrenzt.

Ein Jude, der mit seiner akademischen Ausbildung seinen Lebensunterhalt verdienen wollte, tat also gut daran, ein »freiberufliches« Fach zu wählen. Da boten sich ganz von selbst vor allem Medizin und Jurisprudenz an. War man begabt und tüchtig, so fand man hierbei ein ordentliches Auskommen. Weshalb also hätten meine Verwandten auswandern sollen?

Im zaristischen Bereich lagen die Dinge allerdings anders. Dort war es ein beliebtes Mittel der Behörden, die revolutionäre Stimmung der Massen dadurch aufzufangen, daß man die Leute auf einen vermeintlich an allem schuldigen Sündenbock ablenkte. Hierzu boten sich die schutzlosen Juden im Lande als besonders geeignet an. Zwar war nicht einzusehen, wieso die Juden, die doch selber in noch größerem Elend und noch schärferer Rechtlosigkeit lebten als das restliche Volk in Rußland, am Unglück der andern schuld sein sollten. Das Rezept bewährte sich dennoch. Kein Wunder also, daß aus Rußland, anders als aus Altösterreich, nach manchen von den Behörden geduldeten oder sogar organisierten Judenpogromen mitunter auch Juden aus der sozialen Oberschicht auswanderten. Aber sogar dort blieben sie in der Minderzahl.

Unsere Familie jedenfalls lebte im Wohlstand im gemütlichen Altösterreich und hatte keinen Anlaß, die Heimat zu verlassen.

Die ahnungsvollen Ruthenen

Daß meine Eltern dennoch ihre alte Heimat schon 1914 verließen, kam so: Sie wohnten zu jenem Zeitpunkt in Rohatyn, einem häßlichen Ort inmitten endloser Getreidefelder. Ich selbst zählte damals knapp zwei Jahre, und Mutters Eltern – Hersch und Sabine Gottesmann – hatten mich für die heißen Sommermonate zu sich in das idyllische Städtchen Żółkiew mit seinen herrlichen Barockbauten und den bewaldeten Hügeln ringsum geholt, wo Großvater als Bankier und Getreideexporteur lebte. Als der Krieg ausbrach, machten sich die Eltern zunächst wenig Sorgen. Man hatte hier zu lange im

Frieden gelebt, um noch zu ahnen, was Krieg überhaupt bedeuten konnte. Die jungen Leute in der
Stadt, vor allem die Studenten – auch die jüdischen! – benahmen sich vor Freude ganz närrisch. Nur die ruthenischen Bauern begriffen, was
da auf sie zukam. Etliche kamen zu meiner Mutter –
die sie gut leiden konnten, weil sie neben Polnisch auch Ruthenisch geläufig sprach und mit
ihren rosigen Wangen, schneeweißen Zähnen und
hellen Augen aussah wie eine der Ihren –, erzählten, sie hätten die Einberufung zur Truppe bekommen und sie würden nicht mehr lebend heimkehren. Sie umarmten meine Mutter zum Abschied
und gingen weinend davon.

Der fidele Bauer

Indes weinten durchaus nicht alle jungen Bauern, die
einen Stellungsbefehl erhalten hatten. Mindestens
einer von ihnen bleckte vor Freude seine schneeweißen Zähne. Ihn traf meine Mutter, wie er gerade
aus dem Arrestgebäude der Stadt herauskam, umringt von einem Rudel Kinder jeden Alters, die um
ihn herumhopsten und an ihm hochsprangen und
dabei aus Leibeskräften lustig schrien: »Papachen!
Papachen!«
Meine liebe Mutter, die ihn kannte, blieb wie angewurzelt stehen. Dann fragte sie ihn streng: »Jaschko!
Was soll der Unsinn! Du bist doch gar nicht verheiratet! Kann schon sein, daß du dennoch Kinder hast.
Aber dann hüpfen sie nicht um dich herum, sondern

schauen bei andern Ehemännern zum Fenster heraus. Und so viele und so große könnten es auch dann nicht sein!«

Jaschko lachte so, daß ihm die Tränen über die Wangen liefen. Dann aber zog er meine Mutter flink beiseite und sagte:»Still! Das dürfen die drin im Amt nicht hören! Das war nämlich so: Ich habe einen Stellungsbefehl bekommen und hatte keine Lust, hinzugehen. Daraufhin kam ein zweiter Befehl, zusammen mit der Drohung, man werde mich einsperren. Also habe ich alle Kinder aus der Nachbarschaft zusammengetrieben und ihnen Süßigkeiten versprochen, wenn sie mit mir nach Rohatyn kommen und die ganze Zeit über krähen ›Papachen!‹. Ich habe den Beamten gesagt, ich sei Witwer, es sei niemand da, der sich um meine Kinderchen kümmern könnte. Wenn ich eingesperrt würde, müsse man sie folglich alle mit mir zusammen einsperren... Was glauben Sie, wie schnell die uns alle wieder an die Luft gesetzt haben!«

Auch meine Mutter lachte und lud die Kinder zu sich nach Hause ein, wo sie von ihr einen ganzen Berg Würfelzucker bekamen. Voller Dankbarkeit begannen sie wieder,»Papachen! Papachen!« zu brüllen, lustig zogen sie alle davon...

Aber natürlich waren solche Scherze nur in den ersten Tagen der Mobilisation möglich, als niemand den Krieg noch richtig ernst nahm. Wenig später mußte Jaschko sicher doch noch einrücken. Die Truppen Österreichs an der Ostfront waren anfangs so schlecht ausgerüstet und verproviantiert, daß viele Soldaten erfroren und an Hungerepidemien zugrunde gingen, ehe sie einen einzigen Schuß hatten abfeuern können. Vielleicht war auch der arme, lustige Jaschko unter ihnen ...

Analphabeten als Finanzgenies

Andere Bauern wieder brachten ihre kargen Ersparnisse in die Stadt, zogen von Laden zu Laden, kauften überall eine Kleinigkeit und ließen sich auf ihre Banknoten Silber herausgeben. Gab es in einem Laden nicht mehr ausreichend Silbergeld, so begnügten sie sich auch mit dem Bruchteil dessen, was ihnen zustand. Die Städter schüttelten lachend den Kopf über »die dummen Bauern«. Tatsächlich begriffen aber diese Analphabeten als einzige schon beim Ausbruch des Krieges, was viele akademisch ausgebildete Volkswirte sogar nach Kriegsende noch nicht erfaßten: daß nämlich ein Krieg, egal wie er ausgeht, zum Staatsbankrott und folglich zur totalen Entwertung des Papiergeldes führen kann ...

Aber war es wirklich ein klares Wissen und nicht vielmehr ein Ahnen, wie man es bei Primitiven und bei naturverbundenen Völkern häufiger antrifft als bei Angehörigen einer späten Zivilisation? Hierfür sprechen auch andere Episoden aus jener Zeit:

Zum Popen in Rohatyn kam die Frau eines Bauern mit der Nachricht, ihr Mann stehe kurz vor dem Tode, er bitte um die letzte Ölung. Der Pope machte sich sofort auf den Weg – es war Hochsommer und ein Marsch von mehreren Stunden. Als er hinkam, traf er den Bauern bei der Feldarbeit an. Der Pope machte dem Bauern Vorwürfe, ihn grundlos herbeigerufen zu haben, der Bauer aber erklärte, er müsse nur noch vor dem Tod auf dem Feld alles in Ordnung bringen. Morgen werde er sterben. Zögernd erklärte sich der Pope schließlich einverstanden, die Zeremonie an dem seiner Meinung nach kerngesunden Mann vorzunehmen. Am andern Tag war der Bauer tot.

Und mit der gleichen Sicherheit ahnten auch unsere Kindermädchen immer, wenn ihrem eigenen Kind, das sie anderweitig in Pflege gegeben hatten, der Tod bevorstand. Ohne erst zu telegraphieren, setzten sie sich in die Bahn und kamen erst nach ein paar Tagen, nach der Beerdigung des Kindes, wieder zurück.

Auch das Mißtrauen gegen das Papiergeld in Kriegszeiten beruhte vielleicht auf einer solchen Ahnung. Jedenfalls wußte und sah man täglich, daß die Ruthenen mehr Instinktsicherheit als klaren Verstand besaßen. Besonders meine Mutter ärgerte sich immer darüber, sooft sie für ihre Hausmädchen die Liebesbriefe an den Schatz nach Diktat schrieb. Etliche der Mädchen hatten zwar eine Schule besucht, jedoch so wenig gelernt, daß ihnen das Schreiben schwerfiel. Und mehr als einmal kam es vor, daß ein Mädchen der Mutter vorschrieb, beim Datum hinzusetzen »Janow, den soundsovielten ...« Und wenn Mutter protestierte, man sei ja nunmehr in Rohatyn oder Żółkiew und nicht mehr in Janow, wo das Mädchen aufgewachsen war, dann sagte dieses streng: »So habe ich es gelernt, und so muß es bleiben!« –

Aufbruch mit Tee und Mais

Auf die Idee, zu fliehen, verfielen meine Eltern zunächst überhaupt nicht. Genau wie die meisten andern, hielten auch sie die bezaubernd kostümierten Armeen der Donaumonarchie für unbesiegbar und waren sicher, daß es den Russen niemals gelingen würde, auch nur die Grenze zu überschreiten. Meine Mutter lachte daher auch nur, als ein ruthenischer Student, der sie verehrte, zu ihr kam und ihr riet, so schnell wie möglich aufzubrechen, denn die Russen stünden bereits in nächster Nähe und würden rascher da sein, als man ahne. Alle Beteuerungen und Beschwörungen des jungen Mannes halfen nichts. Die Mutter glaubte ihm nicht. Später allerdings dachte sie oft an seine Warnung...

Inzwischen rückten die ersten österreichischen Truppen in Rohatyn ein und zogen weiter ostwärts. Meine Mutter ließ sofort Riesenkessel mit Tee und gewaltige Körbe mit Maiskolben vors Haustor auf die Straße stellen. Junge Maiskolben, in Salzwasser abgekocht und mit ein paar zusätzlichen Salzkörnchen besprenkelt, waren in den südlichen Randgebieten Galiziens eine beliebte Volksspeise. Auf diese Weise bereitet, sind sie nicht nur weniger reich an unerwünschten Kalorien, sondern auch weit leckerer, als wenn man sie nach westlicher Sitte mit Butter bestreicht.

Die Soldaten, Steiermärker und offensichtlich meist Bauernsöhne, blieben interessiert stehen. Auf dem Lande draußen trank man damals westlich von Rußland nur Tee, wenn man krank war, und auch dann war es nur ein Absud aus einheimischen Heilkräutern und nicht chinesischer Schwarztee. Die meisten der Burschen hatten solchen Tee überhaupt noch nie getrunken. Dennoch nahmen sie gern einen Bechervoll entgegen, besonders, nachdem sie den großen Korb mit Würfelzucker neben dem Kessel entdeckt hatten. Auch Zucker galt damals auf dem Lande draußen als Luxus. Manche der Burschen füllten ihren Becher bis zum Rand mit den weißen Würfeln und löffelten begeistert den süßen körnigen Brei. Andere wieder steckten sich eine Handvoll Zuckerwürfel als Vorrat in die Tasche.

Noch mehr wunderten sie sich über die Maiskolben. Bei ihnen zu Hause wurde Mais offenbar überhaupt nicht angepflanzt oder doch nur als Viehfutter. Jeder von ihnen nahm sich, aufgefordert von meiner Mutter, einen Kolben aus dem Korb, drehte ihn lachend vor den Augen hin und her und zog mit ihm weiter. Es blieb unklar, ob die Soldaten vorhatten, später die Kolben doch zu kosten oder aber wegzuwerfen.

Einer der jungen Soldaten dankte artig für die Bewirtung und fragte meinen Vater, der ebenfalls vors Haustor getreten war, ob man hier schon unmittelbar vor Petersburg sei? Mein Vater hielt das zuerst für einen dummen Scherz. Als ihm aber klar wurde, daß die Frage ganz ernst gemeint war, wies er mit dem Finger auf die staatliche Tabaktrafik gegenüber, über deren Eingang auf gelbem Emailschild der schwarze Adler Österreichs aufgemalt war, den der Bursche doch auch aus seinem Heimatort kennen mußte, und antwortete, mehr mitleidig als spöttisch: »Ja, natürlich! Bei Petersburg wird man euch Tee und Maiskolben entgegentragen!«

Die Armen gelangten aber nicht einmal bis zur Grenze. Die Russen waren in der Tat, wie jener ruthenische Student es meiner Mutter anvertraut hatte, bereits weit näher, als man ahnte. Unweit Rohatyn überschritten die österreichischen Soldaten eine kleine Flußbrücke. Sie waren müde vom Marsch, vom Staub, von der weiter westlich ungewohnten Bruthitze. Gemütlich schlenderten sie auf der andern Flußseite dahin zwischen abgeernteten Kornfeldern mit riesigen, aufrechtstehenden Garben darauf. Weit und breit war kein Mensch zu sehen.

Da plötzlich detonierte die von den Russen unterminierte Brücke und brach zusammen. Dutzende von Soldaten fielen schwerverletzt ins Wasser, viele ertranken. Zugleich begann es aus jeder Garbe heraus zu schießen: Dort saßen russische Soldaten und feuerten auf die völlig unvorbereiteten, entsetzten Österreicher. Diese, noch kriegsungewohnt, rannten in Panik zur Brücke zurück, die es nicht mehr gab. In dem wilden Gedränge stürzten viele über das steile Flußufer ins Wasser. Wer nicht schwimmen konnte, ertrank.

Die Überlebenden trafen ein paar Stunden später erschöpft und verstört wieder in Rohatyn ein. Mit der lustigen Aufbruchstimmung war es bei ihnen jetzt vorbei.

Der verdächtigte Pope

Was die Führung durch eigene Sorglosigkeit verschuldet hatte, versuchte sie jetzt der raffinierten Tücke prorussischer Kundschafter aus der Bevölkerung zuzuschreiben. Man wußte ja, daß ein Teil der Ruthenen sich nach dem Anschluß ans Zarenreich sehnte, obwohl es den Bauern drüben nicht besser ging als den Ruthenen Ostgaliziens, die ja nicht von der Wiener Zentralregierung, sondern von der polnischen Oberschicht unterdrückt wurden. Sie haben dann später, nach dem Zweiten Weltkrieg, durch den – nunmehr allerdings erzwungenen – Anschluß an Rußland auch nichts gewonnen. Doch darauf kommen wir noch zurück.

1914 gab es aber, wie gesagt, Ruthenen, die sich auf den Einmarsch der Russen freuten und ihn als Befreiung vom polnischen Joch empfanden. Daher machten die Österreicher Jagd auf jeden vermeintlich zarenfreundlichen Ruthenen. Schon eine belanglose prozaristische Bemerkung konnte ausreichen, daß ein ruthenischer Student, Pope oder Lehrer der Kollaboration mit den Russen verdächtigt und gehenkt wurde. Die Österreicher fahndeten jetzt also auch in Rohatyn nach ruthenischen Kollaborateuren der Russen – und schon fanden sie ein passendes Opfer.

Es war dies der Pope Maschtschak, ein gutmütiger, harmloser Mann, den alle liebten und der sich nie politisch betätigt hatte. Im Gespräch mit Freunden hatte er aber ein wenig unbedacht geäußert, bald werde das »Väterchen« herkommen. Daß mit dem »Väterchen« nur der Zar gemeint sein konnte, begriff auch Maschtschaks analphabetische ruthenische Magd, und sie denunzierte den Popen bei den Österreichern. Warum sie es tat, begriff niemand. Er hatte ja weder ihr, noch sonst jemandem auf der Welt je etwas zuleide getan. Vielleicht wollte sie sich nur wichtig machen und wußte nicht, was sie damit auslöste. Maschtschak jedenfalls wurde sofort in den Kerker geworfen, und zwar in eine dunkle enge Zelle mit kalter Kellerluft, in der man auch im Hochsommer fror. Er schickte daher den Gefängniswärter, einen Ruthenen, der den Popen liebte wie alle andern Leute in Rohatyn auch, zu meinen Eltern mit der Bitte um warme Decken. Er bekam einen ganzen Packen voll.

Was aber mit dem unglücklichen Maschtschak dann geschah, konnten wir nie erfahren. Lebte er noch zwei Tage später, als die Russen kamen, und konnten sie ihn noch befreien? Oder hatten die Österreicher ihn schon vorher gehenkt? Das Ende der Geschichte erlebten meine Eltern jedenfalls nicht mehr mit, denn schon die Nacht darauf kam auch mein Vater mit der habsburgischen militärischen Schnelljustiz in Berührung, und zwar in einer Form, die ihn veranlaßte, seiner Heimat für immer den Rücken zu kehren.

Ein Jude ohne Bart

Den ganzen Tag über waren Truppen durch Rohatyn ostwärts marschiert. Nachts quartierte sich ein Teil von ihnen im Städtchen ein. Meine Eltern saßen friedlich beim Abendbrot, als plötzlich eine wilde Schießerei losbrach. Eine Kugel durchschlug die Fensterscheibe.

Meine Eltern fuhren erschrocken hoch und kletterten in den Keller hinunter. Das Schießen hörte nicht auf. Bald fanden sich in dem geräumigen fensterlosen Gewölbe, das von einer Petroleumlampe spärlich erleuchtet war, Nachbarn ein. Einer warf das Faß mit Dillgurken in dem nervösen Gedränge um. Nässe und ein säuerlicher Gärungsduft breiteten sich aus.

Plötzlich kam ein Wildfremder herein. Er grüßte nicht, stellte sich auch nicht vor, sondern begann sofort, ein Zündhölzchen nach dem andern anzuzünden und alle finstern Ecken des Raumes der Reihe nach auszuleuchten. Darauf verschwand er wieder, stumm wie er gekommen war. Wer er war, erfuhren wir nie.

Mit einem Mal polterten Militärstiefel die Stufen herunter. Im Eingang des Kellerraums stand ein Offizier mit zwei Soldaten. Barsch und mit einem Akzent, der den Steiermärker verriet, fragte er, weshalb sich die Leute hier im Keller versteckten. – »Weil es schießt«, erklärte mein Vater. Der Offizier schaute ihn aufmerksam an und fragte dann: »Sind Sie Jude? Und wenn ja – weshalb tragen Sie dann keinen Bart?«

Mein Vater wunderte sich. In den fünf Büchern Mose ist das Abrasieren des Barthaars in der Tat verboten. Aber es halten sich lange nicht alle Juden an das Verbot, das sie als eher nebensächlich betrachten. Manche – unter ihnen auch mein Vater – legen den Bibeltext dahin aus, daß man den Bart zwar nicht mit Rasierklingen und Seifenschaum, wohl aber mit einem entsprechend konstruierten Schermesser entfernen dürfe. Nebenbei: eine etwas fragwürdige Interpretation, aber damals waren Bärte nicht Mode, und wenn man viel mit Nichtjuden zu tun hatte, glich man sich in solchen Äußerlichkeiten gern ihrer Tracht ein wenig an.

Vor allem aber hätte jetzt, im zwanzigsten Jahrhundert, nicht einmal ein streng orthodoxer Rabbiner gewagt, einen ehrbaren jüdischen Bürger seiner Barttracht wegen zur Rede zu stellen. Was in aller Welt ging das Ganze also einen katholischen Offizier an? Hätte mein Vater sich mit ihm auf eine Talmuddebatte über Bartfragen einlassen sollen? Das schien ihm unsinnig. Und also tat er das seiner Meinung nach einzig Mögliche: Er schwieg...

Hätte er geahnt, was er damit auslöste, so hätte er sicher lieber einen ganzen Talmudvortrag gehalten. Denn nachdem der Offizier eine Weile vergeblich auf Antwort gewartet hatte, dachte er ein wenig nach und erklärte dann mit einer Bestimmtheit, als handle es sich hierbei um ein mathematisches Axiom: »In den Keller verkriechen sich nur Heckenschützen und Verräter, und Juden ohne Bart sind ohnehin verdächtig. Sie kommen mit!« – Und damit ließ er meinen Vater durch seine Soldaten abführen... Auch später ist es uns nicht gelungen, herauszubekommen, was der Offizier sich bei alledem gedacht hatte und weshalb er speziell bartlose Juden verdächtigte.

Mein Vater, an talmudische Spitzfindigkeiten gewöhnt, hat später folgende Überlegungen angestellt: Hätte sich die Geschichte nach 1916 zugetragen, also nach Erscheinen der sogenannten »Balfourdeklaration«, in welcher die Engländer den Juden in Palästina eine »öffentlich-rechtliche Heimstätte« zusagen, so hätte sich ein guter Kenner des Ostjudentums auf die Theorie des Offiziers vielleicht einen Reim machen können. Denn von einem weltlichen jüdischen Staat auf dem Boden des Heiligen Landes träumten nicht die orthodoxen und chassidischen barttragenden Juden – die auch heute noch fest daran glauben, daß am Ende aller Zeiten der Messias alle dazumal Lebenden und auferstandenen Toten nach Jerusalem einsammeln werde –, sondern die weit weltlicher orientierten »Zionisten«. Und diese tragen im allgemeinen einen Bart nur, wenn er im Augenblick auch bei den Nichtjuden Mode ist. Auch mein Vater war Zionist.

Daß der Gründer des politischen Zionismus, Theodor Herzl, dennoch einen Bart trug, obwohl er nicht fromm und traditionsgebunden aufgewachsen war, hatte ausnahmsweise andere Gründe: Zunächst gehörte er einer Wiener deutschnationalen Studentenverbindung an und erhoffte das Heil der Juden durch deren totale Assimilation an die nichtjüdische Umwelt und sogar durch den kollektiven Übertritt zur christlichen Kirche. Als aber seine Studentenverbindung antisemitische Statuten einführte und er obendrein als Presseberichterstatter in Paris dem Dreyfusprozeß beiwohnte, in welchem ein unschuldiger jüdischer Hauptmann unter dem Applaus buchstäblich aller Sozialschichten des »aufgeklärten« Frankreich als Verräter verurteilt wurde, kam er zur Überzeugung, daß den Juden mit Verleugnung ihrer Art und ihrer Sitten nicht geholfen war. Aus Protest ließ er sich daraufhin den Bart, das Attribut des orthodoxen Juden, wachsen. Ähnlich hatte schon im dreizehnten Jahrhundert der jüdische Minnesänger Süßkind von Trimberg sich einen langen Judenbart wachsen lassen, als die Adelsherren plötzlich seine Lieder nicht mehr hören wollten. Vermutlich war aber diese plötzliche Ablehnung Süßkinds durch die Herren nicht antisemitisch begründet, sondern durch die Tatsache, daß Süßkinds Spruchdichtung für sie zu sehr von der jüdischen Moral her stigmatisiert war: Statt der damaligen Adelssitte gemäß die mit einem andern Mann verheiratete Geliebte zu besingen, pries er nur seine eigene Ehefrau!

Genauso reagierte auch nach dem Ersten Weltkrieg der weißrussische jüdische Sozialrevolutionär und Dichter An-Ski, als die Polen die Befreiung ihres Landes von der zaristischen und habsburgischen Herrschaft zunächst einmal dadurch feierten, daß sie einige tausend Juden erschlugen. Von da an trug er bis zu seinem Lebensende seinen Bart.

Sie alle aber waren Ausnahmen. Tatsache war, daß ein Jude ohne Bart Zionist sein konnte und daß er als solcher der Balfourdeklaration wegen statt mit den Zentralmächten mit der feindlichen Entente sympathisieren mochte. Ob allerdings auch nur ein einziger Zionist aus der Donaumonarchie deshalb auf die Idee verfallen wäre, Landesverrat zu üben, stand wieder auf einem andern Blatt. Es war extrem unwahrscheinlich ...

Sooft mein Vater mit seinen Überlegungen zu diesem Punkt gelangt war, erinnerte er sich aber daran, daß es erstens 1914 noch keine Balfourdeklaration gab, und daß zweitens auch nach 1916 nur ein sehr genauer Kenner der ostjüdischen Geisteswelt solche

Schlüsse allenfalls hätte ziehen können. Und dann begann er wieder von vorn, sich den Kopf darüber zu zerbrechen, was sich damals der Steiermärker bei seiner Verhaftung wohl gedacht haben mochte. – Nun, er hat es nie herausbekommen.

Jedenfalls waren für meinen Vater die nachfolgenden nächtlichen Stunden ein Alptraum. Der Offizier erklärte ihm kurz angebunden, bei Morgengrauen werde er ihn erschießen lassen. Mein Vater, ein nervöser Mensch, war so entsetzt, daß er nicht einmal versuchte, seine Unschuld zu beteuern.

Es kam dann aber anders. Soldaten brachten zwei gefesselte junge Ruthenen herbei und erklärten, man habe die beiden bei Sabotageakten ertappt. Ob es diesmal wirkliche Widerstandskämpfer waren oder nur Opfer einer ähnlich unsinnigen Anschuldigung wie mein Vater, versuchte niemand abzuklären. Und da mittlerweile die Morgendämmerung angebrochen war, ließ der Offizier die beiden jungen Männer sofort erschießen.

Mein Vater war von dem Blutgericht, dem er hatte beiwohnen müssen, ganz benommen. Im ersten Augenblick dachte er, am Ende sei auch er selber erschossen worden, habe es nur noch nicht gemerkt. Vorsichtig tastete er seine eigene Brust ab, um festzustellen, ob sie nicht genauso von Geschossen durchsiebt war wie die der armen zwei Burschen. Daß er unverwundet war, merkte er zwar, aber erleichtert war er deswegen doch noch nicht. Denn er nahm jetzt an, er werde als nächster hingerichtet werden.

Der Offizier hatte jetzt aber an meinem Vater jegliches Interesse verloren. Vielleicht war ihm inzwischen das Unsinnige seiner Anschuldigung aufgegangen. Vielleicht auch hatte er jetzt, nach der Erschießung der beiden Ruthenen, das Gefühl, bereits genug zum Schutz des Vaterlandes getan zu haben. Jedenfalls ließ er meinen Vater losbinden und sagte streng zu ihm: »Machen Sie, daß Sie fortkommen, und lassen Sie sich nie mehr bei mir blicken!«

Mein Vater brauchte eine Weile, bis er begriff, daß er nun doch noch weiterleben durfte. Vom erlittenen Schock fast gelähmt, schleppte er sich mühsam nach Hause, wo meine Mutter unruhig auf ihn wartete. Daß er in Todesgefahr gewesen war, erfuhr sie erst jetzt von ihm.

Nachdem er alles erzählt hatte, schwieg er lange. Und dann schloß er, talmudgewohnt, logisch, und – wie sich später erweisen sollte – dennoch falsch: »Wenn sich schon die Unsern so aufführen – wie wird das erst mit den Russen sein, die doch sicher über kurz oder lang hier einrücken werden? Wäre es anders, dann hätte der Offizier schwerlich so nervös und unsinnig gehandelt. Und der Schießerei nach zu schließen, müssen sie ja schon ganz nahe sein. Versuchen wir zu fliehen, solange es hierfür noch nicht zu spät ist!«

Züge fuhren keine mehr. Mein Vater mietete eine Kutsche, ließ alles stehen und liegen, raffte nur alles Geld zusammen, das er zufällig im Hause hatte, und fuhr mit meiner Mutter zusammen auf und davon. Zuerst kam er nach Wien, wo er aber nicht bleiben wollte. Er reiste weiter nach St. Gallen in der Schweiz, das er von früher her schon kannte, weil er hier in Friedenszeiten als Importeur von Schweizer Textilien St. Galler Stickereien einzukaufen pflegte. Und erst jetzt begann er ganz allmählich, sich ein wenig zu beruhigen.

Juden verlassen Rohatyn

Nach Jahren erfuhren meine Eltern dann, was sich nach ihrer Flucht in Rohatyn zugetragen hatte. Daß mein Vater, ein so friedlicher und frommer Mann, der sein Lebtag keine Waffe in der Hand gehalten hatte, als Franctireur hätte erschossen werden sollen, sprach sich rasch herum und löste eine Panik aus. Denn wenn das möglich war, dann war ja keiner seines Lebens sicher. Die ruthenischen Bauern rings um die Stadt herum fühlten sich aber ihrer Scholle so sehr verbunden, daß sie dennoch bleiben wollten. Auch einige der höhern polnischen Beamten der Stadt beschlossen, auszuharren, was immer kommen mochte.

Die Juden aber machten sich alle auf den Weg. Die einen in Kutschen, die andern in primitiven Bauernwagen, und wieder andere zu Fuß, beladen mit Koffern, Säcken, Bündeln. Es gelang ihnen auch, unbehelligt fortzukommen, denn die Russen kamen erst ein wenig später als erwartet. Das nächtliche Geplänkel, bei dem es Tote und Verwundete gegeben hatte, war nämlich, wie sich am andern Morgen herausstellte, nicht durch eine feindliche Vorhut ausgelöst worden. Vielmehr hatten die Österreicher, nervös und verunsichert durch die Panne bei jener Brücke, die ganze Nacht hindurch gegenseitig aufeinander gefeuert. Dieser Vorgang fand sich – dies nur nebenbei – später in keiner Chronik und in keinem Heeresbericht. Auch die Zeitungen berichteten nichts darüber. Als die Russen dann einen Tag später doch noch einrückten, fanden sie die Stadt fast menschenleer vor. Nur auf einem Laternenpfahl oben saß ein junger bärtiger Jude und winkte freundlich. Es war der Nachtwächter, und zu seinem Amt gehörte auch die Betreuung der Laternen. Eine von ihnen war bei dem nächtlichen Geplänkel zerschossen worden, und er versuchte eben, sie zu reparieren. Er war aus Pflichtgefühl dageblieben. Er empfand weder russophil, noch russophob. Aber soweit es in seiner Macht stand, sollte niemand in Rohatyn nachts durch unbeleuchtete Gassen tappen müssen. Auch nicht die Feinde. Darum hatte er ihnen auch so freundlich zugewinkt.

Sie aber sahen nur, daß da ein bärtiger Jude in luftiger Höhe oben mit den Armen fuchtelte, nahmen wohl an, er gebe einem versteckten Feind geheime Signale und schossen ihn ab. Von Kugeln durchlöchert stürzte er herab.

Überhaupt waren die russischen Soldaten denkbar schlechter Laune. Daß die Bevölkerung geflohen war, nahmen sie übel. Sie hegten ja gegen die Einwohner Ostgaliziens keine feindlichen Gefühle. Die Ruthenen hier, die ukrainisch sprachen, empfanden sie als ihre Brüder. Den ebenfalls slawischen Polen fühlten sie sich immerhin stammverwandt. Und die Juden mochten sie zwar nicht ausstehen, aber die hiesigen waren ihnen nicht fremder und unsympathischer als jene zu

Hause in Rußland. Wo immer sie von der Bevölkerung Ostgaliziens freundlich empfangen und begrüßt wurden, benahmen sie sich daher auch ihrerseits ziemlich manierlich.

Anders lagen die Dinge, wenn sie einen Ort leer und verlassen vorfanden. Daß man vor ihnen weglief, empfanden sie als Kränkung, die sie auf wilde und primitive Art straften und rächten. Einen Teil der Häuser steckten sie in Brand. In einem andern Teil quartierten sie sich ein, hausten dort aber barbarisch, besudelten Tische und Sessel mit Exkrementen, schlitzten die Polstermöbel und Federbetten auf und stachen auf allen Porträts an den Wänden die Augen aus ...

Als die zwei Brüder meiner Mutter, beide Gymnasiasten, ein paar Wochen später nach tagelangen Fußmärschen in Rohatyn eintrafen, um nach meinen Eltern zu sehen, fanden sie ganze Straßenzüge in Schutt und Asche vor. Wo das Haus der Eltern gestanden hatte, lagen nur schwarze Trümmer. Sie erkannten die Stelle überhaupt nur am Ziehbrunnen auf dem Platz davor.

Unter russischer
Besatzung

Eine der vielen Postkarten, die meine Mutter von unterwegs an ihre Eltern abgeschickt hatte, traf nach einigen Wochen doch noch in Żółkiew ein. Aus ihr erfuhren die Großeltern, daß meine Eltern nach St. Gallen gereist waren, daß man ihnen dorthin postlagernd schreiben könne, und daß sie im Sinn hätten, »die paar Monate bis Kriegsende« dort zu bleiben. Daß der Krieg nicht länger als bis Winteranbruch dauern würde, glaubte mein Vater mit Bestimmtheit.

Denn welcher vernünftige Mensch führt bei Schnee und Frost Krieg, schon gar, wenn ein Sieg immer unwahrscheinlicher wird? Und hätte Kaiser Wilhelm ähnlich gedacht, dann säßen seine Nachkommen heute noch auf dem Thron, es hätte keinen Hitler gegeben, keinen Judenholocaust, und auch seinem eigenen Volk wäre unermeßliches Leid erspart geblieben. Aber leider beriet sich Kaiser Wilhelm nicht mit jüdischen Talmudgelehrten, sondern mit seinem Generalstab. Daher kam es eben anders. –

Meine Großeltern sollten, so meinte die Mutter, am besten mit mir zusammen nachkommen.

Dafür aber war es, als die Nachricht in Żółkiew eintraf, bereits zu spät. Inzwischen waren die Russen einmarschiert, und man konnte nicht mehr westwärts reisen. Aber ohnehin wäre meine Großmutter nicht geflohen. Sie war als Tochter des Großgrundbesitzers Isaak Semann auf Gut Ostra bei Koropiec, nahe bei Buczacz, aufgewachsen und den Umgang mit ruthenischen Bauern gewöhnt. Sehr viel anders – so meinte sie – würden die russischen Soldaten auch nicht sein. Und in diesem Fall ließ sich mit ihnen auskommen. Wozu also weglaufen? Obendrein empfand sie selber nicht wie die leicht beweglichen Städter, sondern wie ein der Scholle verbundener Bauer: Die eigenen vier Wände verließ man nicht, komme was da wolle.

Also rührten sich meine Großeltern nicht vom Fleck, und es erwies sich, daß meine Großmutter recht hatte, und nicht mein Vater mit seiner scheinbar zwingenden Folgerung, die Russen als Feinde würden sich unbedingt schlechter aufführen als die eigenen Truppen. Keiner von uns hatte unter der russischen Besatzung zu leiden.

Der Prior und die Kosaken

Allerdings trugen verschiedene glückliche Umstände hierzu bei. Als erste rückten Kosaken ein. Es war bereits Abend. Sie waren damals noch mit Piken bewaffnet und trugen außerdem brennende Fackeln. Vielleicht wollten sie nur die dunklen Straßen erhellen, vielleicht hatten sie auch vor, Häuser in Brand zu stecken.

Daß dies nicht geschah, war wohl nur dem Prior des Dominikanerklosters zu verdanken. Er war ein Mann von hoher, edler Gestalt, mit ergreifend schönen Gesichtszügen. Furchtlos, mit hocherhobenem Kruzifix, schritt er im vollen Ornat, begleitet von Chorknaben, den Reiterhorden entgegen. Und obwohl die Kosaken russisch-orthodox waren, der Prior aber römisch-katholisch, sprangen sie, tief beeindruckt von seiner Erscheinung und von seinem Mut, sofort von ihren Pferden herab, knieten nieder und erbaten seinen Segen. Er segnete sie, sprach ein kurzes Gebet, und hielt dann eine kleine freundliche Ansprache: Die Einwohner der Stadt seien alle dageblieben, hießen die Soldaten des Zaren willkommen und würden sich Mühe geben, ihnen den Aufenthalt in der Stadt angenehm zu machen. Alle Läden stünden offen, die Leute seien bereit, gute Quartiere bereitzustellen. Die Kosaken ihrerseits möchten dafür die Einwohner freundlich behandeln.

Die Absprache bewährte sich. Beide Parteien hielten weitgehend Wort. Und die freundliche Grundstimmung übertrug sich dann später auch auf alle andern russischen Truppen, die nach den Kosaken hier einrückten. Nur zweimal kam es zu Pannen, an denen man den Kosaken aber die Schuld nicht geben konnte:

Der arme »Fürst Sapieha«

In Żółkiew lebte ein armer verrückter junger Jude, ein harmloser Narr, der völlig abgerissen die Straßen durchstreifte und jedem stolz erklärte, er sei ein Sohn des Fürsten Sapieha. Nun war Żółkiew eine Garnisonsstadt, und die jungen, meist adligen Offiziere langweilten sich hier mörderisch. Zwar gab es in Żółkiew eine hohe Geisteskultur. Die Patres in den Klöstern waren zum Teil hochgebildete Theologen, und bei den Juden hatte hier in der ersten Hälfte des neunzehnten Jahrhunderts der berühmte Rabbiner Zwi Hirsch Chajes amtiert, nicht nur ein bekannter Verfasser religionswissenschaftlicher Abhandlungen, sondern auch gründlicher Kenner und Liebhaber der deutschen klassischen Literatur. Er hatte hier eine bildungs- und aufklärungsfreudige Atmosphäre geschaffen, die auch jetzt noch nachwirkte, während ringsum fanatischer Chassidismus hochbrandete.

Noch zu Beginn der Hitlerjahre erzählten sich die Juden von Żółkiew lachend eine kleine Anekdote aus der Zeit des Rabbiners Chajes: Eines Tages kam er tief bekümmert zum Bethaus, und die Honoratioren der Gemeinde fragten ihn ehrerbietig, was ihn bedrücke. »Goethe ist gestorben«, sagte Chajes traurig. Daraufhin breitete sich Trauer über die ganze Gemeinde aus, und einige fromme Bürger erwogen, ob man nicht für den »Reb' Goethe« ein Kaddisch (Totengebet) im Bethaus sprechen solle...

Für die jungen Adelssöhne hatte all dies aber wenig Reiz. Sie suchten nicht geistvolle Debatten, sondern Unterhaltung. Und damit war es in Żółkiew schlecht bestellt. Sie schlenderten durch die Gassen und schauten den hübschen Mädchen nach. Aber sie konnten sie weder auf der Straße ansprechen noch bei ihnen zu Hause verkehren, denn Töchter aus gutbürgerlichen Familien wurden damals streng und keusch erzogen, und der – scharf überwachte und wohldosierte – Umgang mit jungen Leuten war ihnen nur erlaubt, wenn es sich um künftige oder doch potentielle Heiratskandidaten handelte. Es war aber nur allzu klar, daß die jungen eleganten Adelsherren unter den bürgerlichen Mädchen der Stadt nicht künftige Ehefrauen, sondern nur ihr Vergnügen suchen würden.

Bei schönem Wetter saßen die Offiziere stundenlang vor der Konditorei an den kleinen Tischchen auf dem Gehsteig. Unter solchen Umständen war für sie sogar der arme verrückte Abbeles, der »Sohn des Fürsten Sapieha«, eine willkommene Abwechslung. Sie sprachen ihn mit dem Adelstitel an und verneigten sich lachend tief vor ihm. Und sie dressierten ihn darauf, beim Anblick eines jeden Uniformierten, so laut er konnte, zu schreien: »Es lebe der Kaiser Franz Joseph!« Aber natürlich hatten die Offiziere keinen Grund, dem »Fürsten Sapieha« klarzumachen, daß es auch andere Uniformen gebe als die habsburgischen und daß der Hochruf auf den Kaiser in Wien nicht immer angebracht sei. Man lebte ja mitten im Frieden, und in Żółkiew gab es nur österreichisches Militär. Als nun Abbeles die Kosaken erblickte, wie sie hoch zu Roß in ihren schicken Monturen einritten, stellte er sich ihnen in den Weg und krähte fröhlich aus aller Kraft: »Es lebe der Kaiser Franz Joseph!«

Bei ruhiger Überlegung hätten sich die Russen natürlich sagen können, daß von einem Narren, der eine so sinnlose Provokation feindlicher wilder Reiterhorden wagte, nichts zu befürchten sei. Sie waren aber nicht gewöhnt, nachzudenken, sondern zu schießen. Von Kugeln durchlöchert, sank »Fürst Sapieha« in den Straßenschmutz und starb.

Blutige Mißverständnisse

Zu einem zweiten blutigen Mißverständnis kam es im Haus eines ehrbaren Juden. Er hatte zwei junge schöne Töchter. Zwar kannte er die Abmachung zwischen dem Prior und den Kosaken, er wußte aber auch, wie sich Kosaken im allgemeinen den Frauen im Feindesland gegenüber verhielten, und fand es doch ratsamer, zusätzliche Vorsichtsmaßnahmen zu ergreifen. Also versteckte er die beiden Mädchen auf dem Dachboden seines Hauses unter einem großen Haufen alter Lumpen.

Sehr klug war das allerdings nicht. Ewig konnten die Mädchen dort ja nicht liegenbleiben ... Und daß die Kosaken schon in wenigen Stunden oder auch nur Tagen für immer aus der Stadt verschwinden würden, war auch nicht anzunehmen. Wie sollte es dann mit den Mädchen weitergehen?

Solche Überlegungen blieben dem unglücklichen Vater aber erspart. Denn die Kosaken, die in seinem Haus Quartier gefunden hatten, rekognoszierten zunächst, ehe sie sich schlafen legten, alle Räume des Gebäudes von oben bis unten. Auf dem Dachboden sahen sie den Lumpenhaufen. Ihrer Gewohnheit gemäß, die sie, wie man mir erzählt hat, bis heute beibehalten haben, durchstachen sie die aufeinandergehäuften Stoffetzen. Die Mädchen fuhren quiekend hoch ...

Ohne die Abmachung mit dem Prior wären die Kosaken vielleicht gar nicht so überrascht gewesen. Daß man schöne junge Mädchen vor ihnen versteckte, hätten sie ohne weiteres begriffen, und sie hätten sich mit Freudengebrüll über die verlockende Beute hergemacht. Jetzt aber hatten sie ein gutes Gewissen und waren folglich auf eine solche Überraschung gar nicht vorbereitet. Sie erschraken, dachten nicht lange nach, und stachen wild drauflos. Die Mädchen blieben tot in ihrem Blute liegen.

Die verkannte Gymnasiastenuniform

Beinahe wäre es auch im Hause meiner Großeltern zu einem Mißverständnis mit tödlichen Folgen gekommen. Sie wohnten dem Dominikanerkloster gegenüber in einer Villa, deren zwei ebenerdige Wohnungen von einem breiten Durchgang in der Hausmitte voneinander getrennt waren. Hinten mündete dieser Durchgang auf eine von wildem Wein umrankte große Holzveranda, deren Stufen in den etwas tiefer gelegenen großen Garten hinabführten. Er war voll von Rosen, von Narzissen, von wuchernden Stauden mit den hellroten »Frauenherzchen«, von Obstbäumen, deren Zweige unter der Last der Früchte fast zu Boden sanken. Ganz hinten war er von einem sehr hohen Holzzaun abgeschlossen, hinter dem ein Bächlein floß. Nachts hörte man das Quaken der Frösche. Das Gartentor war von zwei Maulbeerbäumen flankiert, die der frühere Besitzer aus dem Ausland mitgebracht haben mußte, denn es waren die einzigen in der Umgebung. Wenn die brombeerartigen, sehr süßen Maulbeerfrüchte reiften, hingen die Bäume voll von kleinen Jungen, die seelenruhig die Zweige plünderten. Sie wußten zwar, daß Großmutter sie von den Fenstern der Wohnung aus sah, sie wußten aber auch, daß sie ihnen die Früchte gönnte. Vom Garten her konnte man in die viel höher gelegenen Fenster der Wohnung nicht hineinschauen. Auf der Straßenseite dagegen lagen die Fenster so tief, daß man mühelos sogar in sie hineinsteigen konnte.

Beim Anmarsch der Kosaken hatten sich zunächst einmal viele Einwohner von Żółkiew in den Keller verkrochen. Dort blieben die Leute ängstlich sitzen, bis sich die Nachricht von der Abmachung zwischen dem Prior und den Russen herumgesprochen hatte. Erst jetzt tauchten sie vorsichtig wieder auf.

Meine Großmutter jedoch hatte keine Angst. Sie setzte sich sogar ans offene Fenster des hell erleuchteten Zimmers. Erstens, weil sie selber nicht weniger mutig war als die Kosaken, und zweitens in der richtigen Annahme, daß die Reiterhorden eine Frau, die ihnen so freundlich entgegenblickte, schwerlich niederstechen oder niederschießen würden.

Das taten sie auch wirklich nicht. Da es aber Abend war und sie ohnehin Quartiere suchten, kletterten mehrere von ihnen durch das einladend geöffnete Fenster in die Wohnung hinein. Sie schauten sich um und erblickten meinen ältern Onkel, der zwar in den nächsten Tagen bei der Truppe hätte einrücken sollen, einstweilen aber noch als Oberprimaner die hübsche dunkelblaue Uniform der Gymnasiasten trug, deren Form und Schnitt bewußt ein wenig an die Tracht der habsburgischen Offiziere angelehnt war. Am Stehkragen hatte er die vier Goldstreifen der Oberprimaner. Die Russen, die bisher wenig Berührung mit dem Feind gehabt hatten und seine Uniform folglich noch nicht so genau kannten, stutzten denn auch beim Anblick meines Onkels. Die letzte Spur eines Zweifels schwand bei ihnen, als sie ihm ins Gesicht schauten. Mein Onkel hatte harte, glasige hellblaue Augen, die weniger »slawisch« als »preußisch« wirkten. Das gab den Ausschlag. »Germantschik!« brüllten die Kosaken und rannten auf ihn los. Geistesgegenwärtig sprang er durch dasselbe Fenster hinaus, durch das die Kosaken hereingestiegen waren, und rannte um sein Leben.

Die Kosaken schossen ihm nach, da sie ihn im Dunkeln aber nicht ausmachen konnten, trafen sie ihn nicht. Meine Großmutter, nicht minder geistesgegenwärtig als ihr Sohn, lief auf die Schießenden zu, riß ihnen den Arm hoch und schalt sie auf Ruthenisch aus, dies sei doch kein Offizier, sondern ein harmloser Schüler. Sie sollten lieber an den Tisch kommen und sich zu einem Imbiß niedersetzen! Und damit hob sie von der Anrichte einen großen Krug mit eingemachten Sauergurken herunter, nahm den Deckel ab und hielt das Gefäß den Russen unter die Nase ... Wer nur mit Kalziumbikarbonat konservierte Essiggurken aus dem Laden kennt, wird nicht begreifen, was sich die Großmutter von ihrem Vorgehen versprach. Denn der ahnt nicht, wie lockend und appetitanregend solche »echten«, in Salzwasser mit vielerlei Kräutern, vor allem aber mit Dill sauergegorenen Gurken duften und schmecken können. Früher säuerte man in ganz Mittel- und Nordeuropa die Gurken ebenfalls auf diese altmodische Art ein. Heute kennt man die Methode fast nur noch in Osteuropa. Der Schriftsteller Romain Gary, Sohn einer russischen

Jüdin und eines Kosaken, erzählt in seinen Memoiren, wie er sich während des Zweiten Weltkriegs in scheinbar aussichtslosen Lebenslagen immer in kleinen russischen Emigrantenläden in Frankreich eine solche Salzgurke, eingewickelt in Zeitungspapier, kaufte. Wenn er dann an ihr roch und kaute, legte sich jeweils seine Verzweiflung wieder ein wenig, und das Leben schien ihm mit einem Mal wieder erträglich.

Auch die Kosaken schnupperten begierlich und bekamen leuchtende Augen. Etliche überlegten dennoch, ob sie dem entlaufenen jungen Mann nicht durch das Fenster nachsetzen sollten, andere machten sich daran, ehe sie sich zum Essen niedersetzten, der alten Kosakensitte in Feindesland entsprechend dieses oder jenes Möbelpolster zu durchstechen. Die Großmutter hielt sie aber streng zurück, indem sie schalt: »Seid nicht albern! Mein Sohn ist kein Soldat. Finden werdet ihr ihn ohnehin nicht mehr. Und im Sofapolster kann kein Germantschik drinstecken, das solltet ihr doch selber begreifen! Setzt euch an den Tisch und eßt! Ich habe für euch zu den Gurken auch frisches Roggenbrot und Butter!«

Auch Roggenbrot aus Sauerteig, wie wir es damals täglich aßen, kommt heute aus der Mode. Es schmeckt und duftet aber genauso unwiderstehlich wie die echten Dillgurken, und dasselbe gilt von frischer Butter aus rohem, ganz leicht angesäuertem Rahm. Das pasteurisierte Produkt, das wir heute unter dem Namen »Butter« essen, ist, gemessen an solcher Urbutter, ein neutrales geschmackloses Nährmittel und auf keinen Fall mehr eine Delikatesse.

Die wilden Krieger setzten sich, brav wie Schuljungen, erwartungsvoll um den Tisch und griffen gierig und dankbar zu. Jetzt konnte man ihnen auch endlich genau erklären, was ein Gymnasiast sei – das wußten nicht alle von ihnen –, und was es folglich mit der Uniform meines Onkels auf sich hatte. Und jetzt waren sie auch, gutgelaunt durch die herrliche Bewirtung, endlich bereit, alles zu glauben. Dennoch zog mein Onkel es vor, ein paar Tage bei einem Freund versteckt zu bleiben. Dorthin schickten ihm seine Eltern einen »zivilen« Anzug, in welchem er dann wieder heimkam.

Den Kosaken aber gefiel es bei uns. Sie fühlten sich hier ganz zu Hause. Mit Interesse inspizierten sie alle Räume der bequem möblierten Villa und meinten dann, auch ihr Kommandant würde sich in unserm Haus wohl fühlen. Sie brachten ihn herbei, und er quartierte sich mit seinem ganzen Stab bei uns ein. Seine Anwesenheit wurde für uns zum Segen. Denn trotz der Abmachung zwischen dem Prior und den Russen und trotz gutem Willen auf beiden Seiten kam es natürlich dennoch da und dort zu kleinen Übergriffen durch die wilden Kosaken. Wir aber waren durch die Präsenz des Hetmans restlos geschützt.

Der Hetman
und die Steinpilze

Hilflos waren wir allerdings gegenüber den Schwierigkeiten, die der Hetman selbst uns bereitete und die uns einmal beinahe das Leben gekostet hätten.

Schuld daran trug die gleiche leckere Küche meiner Großmutter, derentwegen die so freundlich bewirteten Kosaken ihren Kommandanten bei uns einquartiert hatten.

Einmal nämlich kochte die Großmutter Steinpilze nach osteuropäischem Rezept, das heißt, mit frischer Butter, ein wenig angedünsteten gehackten Zwiebeln und mit Sauerrahm. Dies ist, nur nebenbei bemerkt, die beste Form, zarte Pilze zuzubereiten, und man kennt das Rezept nur in den waldreichen nordslawischen Gebieten. Die Franzosen, sonst geniale Köche und sogar Erfinder der Champignonzucht in Kellerhöhlen, verderben alles, indem sie den Pilzen Petersilie, Zitronensaft, Süßrahm und womöglich noch Mehl beimischen. Und noch schlimmer mißhandeln die Italiener die zartduftenden Steinpilze, indem sie sie in Olivenöl braten. Hier versagt ihr sonst unfehlbarer Kücheninstinkt.

Der Duft der schmorenden Steinpilze durchzog das ganze Haus. Der Hetman, der in seinem Zimmer über irgendwelchen Akten saß, konnte es gar nicht mehr aushalten. Er kam in die Küche herein und fragte artig, ob er einen Teller voll von der herrlichen Speise haben dürfe. Natürlich bekam er eine Portion. Die Pilze schmeckten ihm aber so gut, daß er seinen Burschen noch zweimal in die Küche schickte, um den Teller frisch auffüllen zu lassen. Schließlich hatte er das ganze Riesenquantum, das für die fünfköpfige Familie und die beiden Hausmädchen hätte ausreichen sollen, aufgegessen. Das war eigentlich nicht schlimm: Damals, zu Beginn des Krieges, gab es in ganz Europa – und schon gar in den kleinen Orten des fruchtbaren Ostgalizien – zu essen, soviel man wollte. Und Steinpilze konnte man im Frühherbst täglich haben. Die Bäuerinnen der Umgebung gingen jeden Morgen schon in der Dämmerung in den Wald, und gegen acht Uhr früh marschierten sie mit ihren Tontöpfen voll mit Steinpilzen durch die Straßen und riefen ihre Ware aus. Die Pilze, heute teurer als Kaviar, kosteten damals wenige Kreuzer. Ein wenig Sorge bereitete meiner Großmutter nur, daß der Kommandant so viele Pilze unmittelbar vor dem Schlafengehen in sich hineingeschlungen hatte. Denn Pilze sind, wie delikat sie auch schmecken mögen, in größeren Quantitäten nicht sehr bekömmlich und liegen schwer im Magen. Man ißt sie daher in Osteuropa immer nur in kleinen Portionen und mit einem Stück gebuttertem Roggenbrot dazu. Der Kommandant aber hatte das Sieben-Personen-Quantum blitzschnell und ohne das angebotene Schwarzbrot verschlungen. Aber allzuviel Sorgen machte sich Großmutter dennoch nicht. »Nun«, meinte sie zu ihrer eigenen Beruhigung, »vielleicht haben Kosaken andere Mägen als wir.«

Es erwies sich aber, daß auch ein Hetman Bauchgrimmen bekommt, wenn er sich überessen hat. In der Nacht wurde ihm sterbensübel. An sich war das kein großes Unglück. An einer unbekömmlichen Mahlzeit ist noch kein gesunder junger Mann gestorben.

Während der Hetman sich aber schlaflos vor Schmerzen auf seinem Lager wälzte, stieg in ihm der schwarze Verdacht hoch, wir hätten ihn mit Pilzen vergiften wollen. Das war natürlich ausgeschlossen.

Er wußte ja genau, daß das Gericht nicht für ihn, sondern für die Familie selber bestimmt gewesen war. Dennoch ließ er uns mitten in der Nacht ausrichten, daß man, falls er sterben sollte, die ganze Familie erschießen werde ...

Ich selber war damals noch zu klein, um von dem Ganzen viel zu begreifen. Für die Großeltern und die beiden Onkel aber wurde es eine bittere Nacht. Zwar waren die Pilze sicher giftfrei gewesen, daran bestand kein Zweifel. Steinpilze kann man höchstens mit den Gallenröhrlingen verwechseln, die einen etwas helleren Hut und ein rosig angehauchtes »Hutfutter« haben. Und auch diese sind nicht giftig, sondern nur eben gallenbitter und folglich ungenießbar.

Aber was half's? Wußten wir denn, welche verdorbenen Speisen der Kommandant vielleicht vorher im Kasino gegessen hatte? Und war es nicht auch möglich, daß ihn eine tödliche Krankheit befallen hatte, die mit seinem Mageninhalt gar nicht zusammenhing? Wenn er nun zum Beispiel an einem durchgebrochenen entzündeten Blinddarm starb? Konnte man hoffen, daß jemand in all dem kriegerischen Wirrwarr eine Autopsie anordnen würde? Viel wahrscheinlicher war, daß man dann uns alle – mich, das kleine Kind vielleicht ausgenommen – sofort erschoß.

Schweigend wachten die Großeltern und die beiden jungen Onkel die ganze Nacht am Tisch beim Schein der Petroleumlampe und warteten gemeinsam ...

Am andern Morgen war der Hetman wieder gesund und munter. Freundlich grüßend, als wäre nichts gewesen, verließ er sein Zimmer. Abends kam er zurück. Das ganze Haus duftete wieder, genau wie am Vorabend, nach Steinpilzen in Sauerrahm. Unwiderstehlich vom Geruch angelockt, kam er wieder in die Küche und bat, wie am Tag zuvor, um eine Portion von den Pilzen. Da aber wurde meine Großmutter, sonst ein Engel an Geduld und Güte, streng und zornig und sagte entschieden: »Nein!« –

Andere Episoden aus der Zeit der russischen Besatzung verliefen freundlicher. Die Kosaken zogen weiter, der Hetman aber hinterließ meinem Großvater ein Empfehlungsschreiben für den Kommandanten, der nach ihm hierherkommen sollte, damit er sich gleichfalls in unserem Hause einquartierte. Dasselbe taten auch alle seine Nachfolger. Zuletzt hatte Großvater Dutzende von Empfehlungsbriefen aus der Feder russischer Fürsten aus allen Regionen des Riesenreiches in seinem Schreibtisch.

Der letzte russische Kommandant jedoch, der bei uns wohnte, nahm meinen Großvater beiseite und vertraute ihm an, daß die russische Armee sich zurückziehe. Der Großvater solle also alle russischen Empfehlungsschreiben verbrennen, denn jetzt kämen die Deutschen, und sie könnten ihm diese Briefe als Zeichen der Kollaboration mit dem Feinde auslegen. Mein Großvater dankte dem Fürsten gerührt für die Vorsorge seinem Gastgeber gegenüber und warf die Briefe ins Feuer. Später allerdings bereute er es und meinte, es wäre richtiger gewesen, die Papiere als Andenken für die Enkel aufzubewahren.

Der schöne Tscherkessenjüngling

So klein ich damals war – an die Einquartierung
eines Tscherkessenfürsten erinnere ich mich bis heute
lebhaft. Sein Geburtstag fiel gerade in die Tage, da er
bei uns wohnte, und nachts zelebrierten seine Soldaten das Fest, indem sie stundenlang vor seinem Fenster im Garten beim Schein eines kleinen Lagerfeuers
tanzten und sangen. Am Zaun drängten sich die
Nachbarn und Dutzende fremder Menschen, spähten
über den Zaun und lauschten verzückt. Die Soldaten
tanzten wild, rhythmisch, leidenschaftlich und mit-
reißend. Und sie wurden überhaupt nicht müde.

Der Fürst war dauernd von einem blutjungen wun-
derhübschen Soldaten begleitet, der so zart und
schmal gebaut war, daß meine Großeltern gar nicht
begriffen, wieso man ihn überhaupt zur Armee eingezogen hatte. Das Rätsel löste sich eines Tages auf
ganz unerwartete Weise: Wankend und mit schneeweißen Lippen kam der Soldat auf meine Großmutter zu und bat mit schwacher Stimme um ein Glas
Wasser – und schon lag er ohnmächtig auf dem
Boden. Die Großmutter befeuchtete ihm die Stirn mit
Essig und öffnete seine obersten Uniformknöpfe,
damit er leichter atmen könne – und siehe da, der
junge Soldat war eine junge Frau. Als sie aufwachte,
erzählte sie, daß sie die Geliebte des Fürsten und von
ihm schwanger sei.

Der fürstliche Geldbote

Eines andern russischen Kommandanten gedenkt unsere Familie bis heute in tiefer Dankbarkeit. Bei schönem Wetter setzte er sich abends, genau wie schon seine Vorgänger, gern zu meinen Großeltern und ihren polnischen Flurnachbarn auf die geräumige Holzveranda über dem Garten. Sie tranken süßen, schwach berauschenden Met, den man in Polen noch heute gern selber im Haus zubereitet, und knackten junge Walnüsse dazu. Auch die Nachbarn konnten außer Polnisch nur Ruthenisch – also Ukrainisch – und nicht Russisch, und der Fürst stammte aus einem Gebiet viel weiter östlich. Bei gutem Willen und langsamem Sprechen verstand man sich aber dennoch fast mühelos.

Dem Fürsten fiel an einem Abend auf, daß Großvater einen bekümmerten Eindruck machte, und er fragte freundlich nach dem Grund. Der Großvater erzählte, die Tochter sei mit wenig Geld in die Schweiz geflohen, er mache sich Sorgen, ob ihr die Mittel nicht am Ende ausgegangen seien. Da aber die Front westlich von Żółkiew verlaufe, gebe es keine Postverbindungen mehr in die Schweiz. Er könne ihr also leider kein Geld schicken.

»Warum haben Sie mir das nicht schon lange gesagt?« fragte der Fürst und erklärte, einer seiner Schwäger sitze als Attaché in einem Land, dessen Postverbindungen nach beiden Seiten der Front noch funktionierten. Er wollte gern auf diesem Umweg einen beliebigen Geldbetrag nach St. Gallen schicken. Dankbar übergab Großvater dem Fürsten einige tausend Kronen.

Wenige Monate später traf das Geld denn auch wirklich an der Hauptpost von St. Gallen ein, wohin die Mutter sich die Sendungen aus Żółkiew in ihrer letzten Postkarte erbeten hatte. Verwundert schaute sie den eingeschriebenen Brief mit den fremdartigen Briefmarken an und riß ihn gleich am Schalter auf – da fielen die Tausenderscheine heraus. Vor Freude machte Mutter einen hohen Luftsprung – sie war ja erst einundzwanzig Jahre alt. Die Schalterbeamten lachten und freuten sich alle mit ihr zusammen. Und noch nach Jahrzehnten winkten sie ihr auf der Straße in Erinnerung an jenen Luftsprung fröhlich entgegen, so oft sie ihr zufällig begegneten.

Noch heute versucht sich meine Mutter manchmal mit Grausen auszumalen, was geschehen wäre, wenn das Geld nicht gekommen wäre. Der Betrag, den meine Eltern auf der unvorhergesehenen Flucht mitgenommen hatten, war bereits fast restlos aufgebraucht. Schon seit Wochen lebten sie nur von etwas Brot und manchmal einer Tasse Milch. Mutter war bereits einmal mitten auf der Straße ohnmächtig zusammengebrochen.

Das Geld war also wirklich im letzten Augenblick eingetroffen. Es ermöglichte meinem Vater, wieder beruflich zu arbeiten. Hatte er zuvor St. Galler Stickereien nach Rohatyn importiert, so exportierte er sie jetzt von St. Gallen aus. Schon in Kürze hatte sich seine finanzielle Lage wieder stabilisiert.

Nach Kriegsende

Als der Krieg endlich doch noch zu Ende ging, wollten meine Eltern zunächst in die alte Heimat zurückkehren. Was sie aber von dort zu hören bekamen, klang abschreckend. Rohatyn war verwüstet, das Haus abgebrannt. Zudem hatte sich im mittleren Osteuropa jetzt alles verändert. Da gab es jetzt nicht mehr die k.u.k. Monarchie, sondern das »freie Polen«. Im ehemals zaristischen Teil des Landes ging es den Juden zwar auch jetzt nicht wesentlich schlechter als zuvor unter den Zaren. Jene Galiziens aber fühlten sich in einen wüsten Traum versetzt: Pogrome, staatliche Verordnungen eigens zu dem Zweck, die Juden wirtschaftlich zu ruinieren, antisemitische Krawalle an den Universitäten waren an der Tagesordnung, das alte jüdische Patriziat ging langsam zugrunde und machte einer neuen brutalen Schicht von Emporkömmlingen Platz, die sich aus der »Hefe« rekrutierte und auch entsprechend aufführte. Man wurde sich erst jetzt klar, daß man eben nicht in Polen, sondern in Altösterreich gelebt hatte. Die alte Heimat gab es nicht mehr. Es hatte also auch keinen Sinn mehr, dorthin zurückzukehren.

Auch mein Großvater fand sich in dieser neuen brutalen Welt nicht mehr zurecht. Er hatte früher als Bankier und Getreidegrossist bequem gelebt und in seiner reichlichen Freizeit gern ein wenig den Talmud studiert und täglich nach dem Gottesdienst in der nahe gelegenen »Klaus« mit ebenso gelehrten Kaufleuten juristisch-religiöse Probleme diskutiert. Jetzt hatten weder er noch seine Freunde hierzu noch die nötige Geduld und Ruhe. Seine Geschäfte liefen auch nicht mehr.

Also schlug Mutter ihm vor, seine Häuser zu verkaufen und mit mir und seiner Frau zusammen nach St. Gallen zu kommen. Der Rat, die Häuser abzustoßen, erwies sich zwar bald als ein großer Fehler, denn schon unmittelbar darauf fraß die Inflation, zusammen mit Großvaters übrigem Barvermögen und seinen österreichischen Staatsanleihen, auch den Kaufwert der Häuser restlos auf. Der Entschluß aber, in die Schweiz zu kommen, rettete den Großeltern das Leben.

Großvater als Geisel

Sooft Großvater von den Schrecknissen im jungen polnischen Staat erzählte, den er nur in seinen ersten Anfängen miterlebt und dann verlassen hatte, stellte er Vergleiche mit der »feindlichen« russischen Besatzung an, die er soviel besser ausgehalten und überstanden hatte. Mit Dankbarkeit gedachte er sogar einer Episode beim Abzug der russischen Truppen, die ihm zunächst gründlich Angst eingejagt hatte: Als der letzte der Kommandanten das Haus bereits verlassen hatte, holten die Russen aus den reicheren Häusern die Männer heraus, um sie als »Geiseln« mitzunehmen. Der Sinn der Maßnahme war unklar. Was wollten sie damit erreichen?

Mein Großvater, der ebenfalls zu diesen »Geiseln« zählte, versuchte vergeblich von seinen uniformierten Begleitern zu erfahren, was ihm und seinen Leidensgenossen bevorstand und wofür sie mit ihrer Präsenz bürgen sollten. Die Begleitsoldaten wußten selber nichts.

Eine Zeitlang trabte Großvater brav zwischen ihnen dahin, bald aber spürte er, daß er das militärische Marschtempo nicht lange würde einhalten können. Also begann er mit seinem Begleiter auf ruthenisch ein Gespräch. »Gleich werde ich zusammenbrechen«, sagte er zu ihm, »was hast du dann davon? Du wirst mich auf deinem Rücken schleppen oder erschießen müssen. Wenn ich tot bin, bin ich keine Geisel mehr. Ich mache dir einen Vorschlag. In meiner Tasche habe ich Geld. Ich gebe dir tausend Kronen, und du läßt mich in der Dämmerung unauffällig aus der Reihe verschwinden.« –

Der Soldat hätte Großvater die ganze Brieftasche wegnehmen und ihn dennoch weiter vorwärtstreiben können. Er nahm aber erfreut den Tausenderschein und stieß den Großvater bei der nächsten Gelegenheit ins Gebüsch am Wegrand. Mitten in der Nacht kam Großvater wieder zu Hause an. Großmutter hatte inzwischen die Hoffnung, ihn wiederzusehen, bereits aufgegeben. –

Von Ärzten und
eingebildeten Kranken

Der jüngere Sohn der Großeltern, Elias, kam
ebenfalls in die Schweiz, erwarb in Basel den
medizinischen Doktor, kehrte dann aber, von Heim-
weh getrieben, allen Warnungen zum Trotz nach
Polen zurück. In der Schweiz hatte er nicht praktizie-
ren dürfen, weil er Ausländer war. Aber auch in seiner polnischen Heimat durfte er nicht ohne weiteres
eine Praxis eröffnen. Das gehörte mit zu den vielen
neuen Schikanen den jüdischen Mitbürgern gegenüber: In Polen selbst versperrte ihnen ein zwar nicht
gesetzlich festgelegter, aber praktischer Numerus
clausus das Studium der Medizin. Wenn man nun
aber den polnischen Juden, die im Ausland doktoriert hatten, erlaubte, in Polen ihren Beruf auszuüben, dann war ja mit den Sperrmaßnahmen nichts
gewonnen. Die jüdischen Studenten rissen sich ohnehin nicht darum, sich von ihren »arischen« Kom-
militonen bei jeder Gelegenheit an der Universität
verprügeln zu lassen. Auch bei größter Armut zogen
sie lieber ins Ausland und hungerten sich dort durchs
Studium.
Dagegen gab es nur ein einziges Mittel: Wer im Ausland doktoriert hatte, mußte sämtliche Prüfungen
noch einmal in Polen selbst wiederholen. Mein Onkel
nahm das auf sich, obwohl er bereits sogar zum Fach-

arzt ausgebildet war. Aber vermutlich hätten ihm weder seine sehr soliden Kenntnisse noch seine praktischen medizinischen Erfahrungen geholfen, die Prüfungen in Warschau zu bestehen, wenn nicht der schlimmste Judenfresser unter den Professoren gerade zur rechten Zeit ein Bein gebrochen hätte. So prüfte statt seiner ein seriöser und sachlicher Stellvertreter. Onkel bestand die Prüfung und eröffnete hierauf im ostgalizischen Stanislawów eine Praxis.

Bald sah er ein, daß die Rückkehr in die Heimat – die keine mehr war – ein schwerer Fehler gewesen war. Zuvor hatte hier jeder tüchtige Arzt sein Auskommen gehabt; die Konfession, der er angehörte, hatte hierbei keine Rolle gespielt. Das hatte sich jetzt geändert. Die nationalen Gruppen des Landes – die Polen, Ruthenen und Juden – hatten früher verschiedenen Berufsgruppen angehört, und eben deshalb stets im nahen Kontakt miteinander gestanden. Das war jetzt anders. Zu hohen Beamtenposten waren die Juden jetzt zwar noch weniger zugelassen als früher, die Christen ihrerseits übten nun aber zunehmend »jüdische« Berufe aus. Es gab jetzt im ganzen Land immer mehr polnische und ruthenische Juristen, Ärzte und Kaufleute. Und die nationalen Gruppen schieden sich jetzt wie Öl von Wasser. Die Polen hatten bis vor kurzem die Ruthenen verachtet und unterdrückt und gingen auch jetzt zu keinem ruthenischen Arzt. Die Ruthenen ihrerseits haßten aus guten Gründen die Polen und suchten folglich auch keine polnischen Ärzte auf. Und zu jüdischen Ärzten gingen jetzt weder die einen noch die andern. Es gab ihrer aber viel zu viele, als daß sie ausschließlich von der – inzwischen obendrein bitter verarmten – jüdischen Klientel hätten leben können.

Hierzu kam speziell bei den Juden noch eine zusätzliche Schwierigkeit: die im jüdischen Witz so geistvoll karikierte jüdische Neigung, sich Krankheiten einzubilden und sie ärztlich behandeln zu lassen. Ich habe diese Hypochondrie vieler Juden daraus zu erklären versucht, daß das Leben der meisten Juden im Lauf ihrer Exilgeschichte fast dauernd gefährdet war und daß die schon fast eingefleischte Angst vor realer Gefahr bei ihnen als lächerliches Nebenprodukt auch die Angst vor der nur eingebildeten Gefahr durch nichtexistente Krankheit erzeugt habe. Die Erklärung mag stimmen oder nicht. Tatsache ist jedenfalls, daß vor allem in Kreisen jüdischer Emporkömmlinge in Osteuropa die Unsitte grassierte, auch bei blühender Gesundheit Ärzte zu konsultieren und sich von ihnen teure Kuren in renommierten Badeorten verschreiben zu lassen.

Man sollte denken, daß diese lächerliche Gewohnheit sich für die jüdischen Ärzte als Segen ausgewirkt hätte. Je öfter die Leute zum Doktor laufen, desto höher seine Einnahmen. Und hat man es mit so risikolosen Fällen zu tun wie Hypochonder sie darstellen, so braucht man obendrein keine Fehlschläge und Mißerfolge in der Behandlung zu befürchten.

Das Unglück war aber, daß es vorwiegend reiche Leute waren, die es sich leisten konnten, ihre eingebildeten Krankheiten behandeln zu lassen. Und da sie eben Geld hatten, gingen sie nicht zu einem noch so tüchtigen und bewährten »gewöhnlichen« Arzt, sondern nur zu berühmten Medizinprofessoren. In

Berlin und Danzig, den Einfallstoren für reiche jüdische Badegäste aus Osteuropa, gab es denn auch eine Anzahl solcher medizinischer »Kapazitäten«, die praktisch nur von dieser ostjüdischen Klientel lebten. Manche dieser Professoren nahmen ihre ostjüdischen Patienten so wenig ernst, daß sie nicht einmal die Möglichkeit erwogen, es könnte ausnahmsweise auch einmal einer von ihnen ernstlich krank sein. Nach einer flüchtigen Untersuchung schickten sie ihre Patienten einfach in einem festen Turnus immer wieder an die paar Badeorte, bei denen sie Provisionen einkassierten.

Mit diesen reichen Klienten konnte also ein noch so tüchtiger jüdischer Facharzt, sofern er keinen Professorentitel hatte, nicht rechnen. Auch zu meinem Onkel verirrten sie sich nur ausnahmsweise. Die armen Teufel aber, die mit wirklichen Krankheiten zu ihm kamen, hatten meist kaum zu leben, so daß er es nicht übers Herz brachte, ihnen Rechnungen zu schicken. Als Armeleutedoktor, den man im Notfall zu jeder Tages- und Nachtzeit gratis rufen konnte, genoß er denn auch Vertrauen und Beliebtheit. Er lebte, praktisch ohne Einnahmen, von seinen kleinen Ersparnissen als Spitalarzt in der Schweiz.

Gesund wie ein Roß

Die letzte Chance, je auch bemittelte Patienten behandeln zu dürfen, verscherzte er sich bei folgender Episode: Eines Tages kam zu ihm ein verhärmter, kränklicher Jude mit seiner Frau, die aussah wie das blühende Leben. Wiewohl der Jude offenkundig nicht gesund war, kam er dennoch nicht um seiner selbst willen, sondern nur, um von meinem Onkel zu hören, ob denn der teure Badeaufenthalt, den seine Frau von ihm bezahlt haben wollte, wirklich für sie so lebensnotwendig sei, wie sie meinte. Offensichtlich konnte er sich die teure Reise für seine Frau nicht leisten. Er schien verzweifelt. Meinem Onkel tat er bitter leid. Die Frau ihrerseits schob meinem Onkel heimlich einen Zettel mit dem einzigen Wort »Karlsbad« zwischen die Finger. Er sollte also dem Ehemann einreden, daß sie unbedingt eine Karlsbader Kur brauche.

Mein Onkel untersuchte die Frau gründlich und erklärte dann ungerührt dem Ehemann: »Sie ist gesund wie ein Roß.« Das sprach sich in Stanisławów natürlich blitzschnell herum. Seit Menschengedenken hatte noch kein jüdischer Arzt einen solchen Affront gerade der zahlungsfähigsten Klientel gewagt. Mein Onkel verlor mit einem Schlag seine letzten Patienten, denen er allenfalls noch eine Rechnung hätte schicken können ...

Vom jiddischen Klassiker Scholem Alejchem, dessen Episodenroman »Tewje der Milchmann« auch für das Musical »Anatewka« (Fiddler on the Roof) den Stoff geliefert hat, gibt es einen humoristischen Briefroman »Marienbad«, in welchem diese unnützen scheinkranken Emporkömmlinge mit Witz und Geist übermütig verspottet sind.

Dunkle Vorahnung

Für meinen Onkel aber war der Ausgang jener Episode tragisch. Er hatte jetzt kaum noch zu leben. Er brauchte sich mit dem Problem allerdings nicht mehr lange herumzuplagen. Der Zweite Weltkrieg brach aus, die Russen marschierten wieder ein, genau wie schon im Ersten Weltkrieg. Onkel arbeitete jetzt, wie wir einer einzigen knappen Postkartennachricht entnehmen konnten, im Spital. Dann kamen die Hitlerarmeen nach Stanisławów, und wir hörten sehr lange überhaupt nichts mehr von ihm...

Wenige Tage aber, nachdem die Deutschen Stanisławów den Russen abgenommen hatten, Anfang August 1941 also, hatte meine Mutter in St. Gallen ein merkwürdiges Erlebnis. Etwa eine Stunde vor Morgengrauen wachte sie plötzlich in einer Panikstimmung auf und fühlte sich unwiderstehlich ans Fenster gezogen. Sie stand auf, schob die schweren Nachtvorhänge auseinander und blickte zum Vollmond hinauf. Da plötzlich verwandelte sich die blaßgoldene Scheibe in das Gesicht ihres Bruders Elias, aus dem ihr seine dunklen, freundlichen Augen tieftraurig entgegenblickten. Sie begriff sofort, was das zu bedeuten hatte, begann zu weinen und sagte zu meinem Vater: »Elias lebt nicht mehr.« Mein Vater aber schalt sie aus, an so etwas dürfe sie nicht einmal im Traume denken. Sicher seien ihre Nerven durch die bösen Kriegsnachrichten angegriffen, da bilde sie sich eben solche schlimmen Dinge ein. Sie solle sich ruhig wieder hinlegen und weiterschlafen.

Sie ging wieder ins Bett. Von Stund an aber hatte sie

die Hoffnung verloren, ihren Bruder lebendig wiederzusehen. Nach Kriegsende kam denn auch kein Lebenszeichen von ihm. Wir fragten bei den Stadtbehörden von Stanislawów an, das jetzt zu Rußland gehörte. Sie gaben keine Antwort. Wir baten das Rote Kreuz, nachzuforschen – und bekamen die kluge Antwort, daß man uns eventuell von meinem Onkel eintreffende Briefe nach St. Gallen weiterleiten werde. Auf die Idee, in Stanislawów selber nachzuforschen, kamen die Angestellten vom Roten Kreuz überhaupt nicht.

Endlich verfiel Mutters zweiter Bruder, der sich mit knapper Not noch rechtzeitig nach Amerika gerettet hatte und sich dort – dies nur nebenbei – todunglücklich und ganz verloren fühlte, auf den Einfall, den sowjetisch-jüdischen Schriftsteller Ilja Ehrenburg um eine Nachricht zu bitten. Und diesmal bekamen wir erschöpfende Antwort: Wenige Tage nach dem Einmarsch der deutschen Armeen in Stanislawów, genau zu dem Zeitpunkt, da meine Mutter mitten in der Nacht jene traurige Erscheinung gehabt hatte, waren alle jüdischen Akademiker der Stadt von der GESTAPO aufgefordert worden, sich auf einem bestimmten Platz einzufinden. Wer fernblieb, werde hingerichtet werden.

Genau dasselbe geschah aber auch mit allen jenen, die hinkamen: Einige Tage lang wurden sie in den Kerkern der Stadt ohne Nahrung und Wasser eingesperrt, manche von ihnen auch geprügelt und getreten. Dann wurden sie alle auf Lastwagen verladen und beim Pferdefriedhof im Wald draußen erschossen.

Wenige Monate später traf das gleiche Schicksal auch die christlichen Akademiker der Stadt. Bei ihnen gab sich die GESTAPO sogar die Mühe, sie einzeln aus dem Telephonbuch herauszusuchen und an den genannten Ort hinzubeordern. Auch sie wurden, mit ihren Familien zusammen, im Wald erschossen und verscharrt.

Die »gewöhnlichen« Polen und Ruthenen allerdings durften weiterleben: Sie waren als Sklaven der germanischen Herren in einem unter dem Hakenkreuz geeinigten Europa eingeplant. Bei den Juden aber war die geistige Dekapitierung der Gemeinschaft nur der Auftakt zur totalen Ausrottung.

Der letzte Reiseführer
durch Galizien

Ausgerechnet in einem ostschweizerischen Buch-antiquariat ist mir einmal eine Kostbarkeit in die Hände gefallen: der erste und letzte deutschspra-chige Reiseführer durch das damals österreichische Galizien aus dem Jahre 1914. Die Herausgeber ver-sprechen in der Einleitung, es werde bald eine ver-besserte und erweiterte Ausgabe kommen. Dann aber kam der Krieg, und nachher gab es das österreichi-sche Galizien nicht mehr.

Der Führer ist von einer Anzahl Akademiker solid ab-gefaßt wie ein Lexikonartikel und reich mit Bildern versehen: Schlösser, Kirchen, Synagogen, liebliche Karpatenlandschaften, malerische Bauerntrachten der Polen und Ruthenen. Die Tracht der orthodoxen Juden fehlt. Sie schien den Verfassern wohl zu allge-mein bekannt, als daß man sie eigens in einem Rei-seführer abbilden müßte. Sie konnten ja auch nicht ahnen, daß diese Tracht, die von Millionen getragen wurde, nach fünfundzwanzig Jahren aus Europa bei-nahe völlig verschwunden sein würde. Es gibt sie heute nur noch außerhalb Osteuropas bei kleinen Gruppen orthodoxer und chassidischer Juden ver-streut über die ganze Welt: in New York, London und Jerusalem. Sie besteht aus Bart und Pejess (Schlä-fenlocken), am Sabbat dem Schtrajml, einer schwarzsamtenen runden Mütze mit einem Rand aus Zobelschwänzchen, dem dunkeln Kaftan, wie ihn zur Zeit der Renaissance nicht nur die Juden, sondern in Deutschland alle Städter trugen.

Der Kaftan war mit einer Kordel umgürtet, was eine symbolische Bedeutung hatte: Wiewohl die frommen Juden – im Gegensatz zu den leibfeindlichen Christen – die Sexualität, sofern sie sich im legalen Rahmen abspielt, nie als sündig und schmutzig betrachtet haben, werteten sie dennoch die geistigen Fähigkeiten und Tätigkeiten des Menschen höher als seine leiblichen Funktionen und trennten daher mit dieser Kordel den Körper in eine höhere und eine tiefere Region.

Bei den Chassidim kamen noch enge schwarze Kniehosen und weiße Kniestrümpfe hinzu. Das war kein Zufall. Die Sekte des Chassidismus war ja im achtzehnten Jahrhundert entstanden, zu einer Zeit also, da auch die christlichen Städter solche Kniehosen trugen. Bei den Franzosen hieß sie »Culotte«, und die Revolutionäre, die sich auch in der Kleidung bewußt vom Ancien Régime unterscheiden wollten, trugen lange Hosen und nannten sich die »Sansculottes«, die ohne Culotten. Die Chassidim aber haben diese Modewandlung bis heute nicht mitgemacht. Und von einem ungarischen Offizier, der im Zweiten Weltkrieg auf deutscher Seite kämpfen mußte, weiß ich, daß er sich beim Vormarsch durch die kleinen chassidischen Gemeinden Südungarns in jüdischen Läden einen ganzen Vorrat solcher schneeweißer Kniesocken kaufte. Er war dann der einzige, der alle Strapazen des Ostfeldzugs ohne eine einzige Fußinfektion überstand.

Das Buch berichtet auch darüber, wie hier in Galizien die römisch-katholischen Polen, die griechisch-katholischen Ruthenen (= Ukrainer Galiziens) und die Juden nach fast mittelalterlich-ständischer Art verschiedene Berufe ausübten. Es erzählt von den Polen, die in Ostgalizien vorwiegend adlige Gutsherren oder hohe Beamte waren, von den Juden, die Handel und Gewerbe trieben, als Handwerker, Gutspächter und -verwalter ihr Brot verdienten. Jüdische Gutsherren waren so selten, daß der Reiseführer sie gar nicht erst erwähnt. Es gab sie aber ausnahmsweise. Zu ihnen zählte einer meiner Urgroßväter, und in Südrußland unter einigen andern auch der Vater des kommunistischen Theoretikers und Strategen Leo Trotzki.

Der Reiseführer erwähnt auch, daß hier im allgemeinen Religionsfrieden herrschte und es weder diffamierende Judengesetze noch Judenpogrome gab.

Was der Reiseführer aber nicht erwähnt, ist, daß hier sowohl bei den Juden wie auch bei den gebildeteren Polen die Erinnerung an die Juden- und Polenmassaker des Hetmans Chmielnizki mit seinen Saporoger Kosaken von 1648 noch lebendig war. Neue Aufstände der Bauern und Kosaken waren aus vielen Gründen nicht mehr zu befürchten. Aber daß die Juden im Grunde immer gefährdet waren, auch wenn es ihnen ausnahmsweise einmal so gut ging wie in Altösterreich in den letzten Jahrzehnten, wußten sowohl sie selber wie die gebildeten Polen. Man brauchte ja nur über die nahe russische Grenze zu blicken. Dort waren die Juden diskriminiert und rechtlos und Judenpogrome noch an der Tagesordnung.

Als mein Großvater dem Starosten der Stadt voller Freude seine neue Villa zeigte, sagte dieser daher nur mit einem mitleidigen Kopfschütteln: »Panie Gottesmann, jüdische Häuser sind auf Eis gebaut!« Daß auch die polnischen Häuser hier am Ostrand des polnischen Siedlungsgebietes auf Eis gebaut waren und vierzig Jahre später alle Polen des Landstrichs vertrieben sein würden, konnte er allerdings nicht ahnen. Und auch den wilden Haß der Polen gegen die Juden nach der Befreiung des Landes von der habsburgischen und zaristischen Herrschaft ahnte er wohl kaum voraus. Er sprach nur eine allgemeine jüdische Geschichtserfahrung aus.

Diskriminierte Ruthenen

Auch daß es nicht den Juden, sondern den Ruthenen hier in Ostgalizien damals am schlechtesten ging, verzeichnet der Reiseführer getreu und erwähnt, daß die Ruthenen meist Bauern, oft landlos und häufig Analphabeten waren. Auch die einzelnen ruthenischen Gymnasien, die damals dank der Wiener Zentralregierung hier allmählich entstanden, sind im Reiseführer aufgezählt. Die Wiener Behörden hatten keinen Grund, die eine slawische Gruppe hier am Ostrand des Reiches einer andern vorzuziehen. Es war ausschließlich die polnische Oberschicht, die an einem gefügigen ruthenischen Landproletariat interessiert war und seine Erhaltung auch ungeniert förderte. Der Reiseführer leugnet denn auch nicht den Widerstand der Polen gegen die Entstehung immer weiterer und besserer ruthenischer Schulen und Gymnasien.

Hierzu eine Anekdote aus jener Zeit: Eine polnische Freundin meiner Mutter, bildhübsch, kreuzdumm und nur sehr fragmentarisch gebildet, erbat sich von den – rein polnischen – Schulbehörden eine Stelle als Lehrerin in dem nahen Dorf. Sie hatte nie ein Lehrerseminar besucht oder gar eine entsprechende Prüfung abgelegt. Dennoch bekam sie den gewünschten Posten ohne weiteres.

Eines Tages kam aber ein Schulinspektor, wohnte einer Lektion bei und sagte dann erstaunt zu der Lehrerin: »Aber die Kinder können doch rein gar nichts!« – »Ach was«, gab die junge Polin mit einem reizenden Lächeln zur Antwort, »genug für einen Bauern!« – Der Inspektor lachte entzückt über die kluge Antwort und gab sich zufrieden.

Nationalitätenfeindschaften

Daß zwischen Polen und Ruthenen unter solchen Umständen keine große Liebe herrschte, ist verständlich. Aber auch alle andern Volksgruppen in Ostgalizien und im angrenzenden Ungarn und Rumänien liebten sich nicht. In Friedenszeiten blieb der virulente Haß unsichtbar. Wenn aber chaotische Zustände herrschten, brach er blutig hervor.

Ein aus dieser Gegend stammender deutscher Offizier der Abwehr aus dem Zweiten Weltkrieg erzählte noch kürzlich, welche Mühe er einzig dieses wilden Nationalitätenhasses wegen in dem südöstlichen

Waldgebiet der Karpaten damals hatte. Er hatte unter anderem die Aufgabe, eine Anzahl von Kundschaftern so aneinander zu koppeln, daß man über weite Strecken hinweg Nachrichten vermitteln konnte. Verband er nun hierbei die unrichtigen Nationen miteinander, so konnte er sicher sein, daß die Kundschafter sich entweder gegenseitig erschlugen oder den sowjetischen Partisanen ans Messer lieferten.

Mit sechs verschiedenen Buntstiften – für jede Nation eine Farbe – zeichnete er die Kundschafterketten auf seiner Landkarte ein. Nur die wenigsten waren lückenlos und folglich brauchbar. Am ehesten klappten die Verbindungen noch, wenn er zwischen je zwei Christen – egal welcher Nation – einen Juden einschob. Der hier endemische Antisemitismus erwies sich als schwächer als der gegenseitige Abscheu zwischen allen anderen. Aber eines Tages gab es kaum noch Juden ...

Auch bei den Partisanen des Gebietes fand dieser Nationalitätenhaß seinen Niederschlag. Manche Gruppen bekämpften gar nicht die deutsche Besatzung, sondern nur einander gegenseitig. Andere betätigten sich als Räuberbanden. Wieder andere organisierten, in Konkurrenz zur SS, ebenfalls Judenpogrome, erschlugen sogar jeden jüdischen Partisanen, der zu ihnen stoßen wollte, und zwar selbst dann, wenn er als Ausweis seiner Kühnheit und Brauchbarkeit erbeutete deutsche Waffen mitbrachte. Eine Ausnahme bildeten damals nur die Kommunisten unter den Partisanen, der offizielle Antijudaismus, getarnt als Antizionismus, kam erst lange nach Kriegsende auf.

Chassidische Wunderrabbis

Der Reiseführer berichtet auch von den chassidischen Wunderrabbis in ihren prunkvollen Palästen. Hier war der Chassidismus als geistige Reaktion der armen und verschreckten überlebenden Juden der Ukraine auf die Judenpogrome des Hetmans Chmielnizki entstanden. Sie sammelten sich um ihre charismatischen Führer, die Zaddikim (wörtlich Gerechte oder Heilige; fester Name für die chassidischen Wunderrabbis), die vom Gläubigen nicht hohe Talmudgelehrtheit verlangten, sondern freudiges Gottvertrauen, ausgedrückt im ekstatischen Tanz und Gesang der wundergläubigen Männer.

Die ersten Zaddikim waren genau so arm gewesen wie ihre Anhänger. 1914 aber, im Erscheinungsjahr des Reiseführers, war der »Tron« des Wunderrabbis, der zuvor auf den geeignetsten Adepten übergegangen war, längst erblich geworden. Denn reiche Anhänger brachten große Geldgeschenke, die Zaddikut war jetzt ein lohnendes Geschäft, das folglich, ganz ohne Rücksicht auf Eignung, an die jeweiligen Nachkommen eines Zaddiks überging.

Die Prachtentfaltung an den zaddikischen Residenzen beeindruckte sogar die christliche Gentry. Vom Wunderrabbi in Husiatyn nahe der russischen Grenze, am Flusse Zbrucz, berichtet das Buch, daß er in einem Palast Hof hielt, der aus dem Schloß des Grafen Kalinowski umgebaut worden war. Unmittelbar daneben stand eine der schönsten Synagogen Ostgaliziens, ein maurisch inspirierter Prachtbau aus der Zeit der türkischen Besatzung mit einer bezaubernden Attikaverzierung. Der Reiseführer enthält das Bild dieser Synagoge. Doch auch die griechisch-katholische Kirche von Husiatyn ist stilistisch rein muslimischer Provenienz. Möglicherweise war sie ursprünglich eine Moschee, die erst nach dem Abzug der Türken in eine Kirche umgebaut wurde.

Beim Zaddik von Husiatyn strömten an allen hohen jüdischen Feiertagen Tausende von Anhängern zusammen – der Reiseführer spricht von »Judenkongressen«. Dabei war dies lange nicht der berühmteste der Zaddikim. Jener von Belz zum Beispiel war weit bekannter und beliebter, gar nicht zu reden vom Rabbi Israel Friedmann von Sadagóra jenseits der rumänischen Grenze, bei dem sich nicht nur gläubige Chassidim, sondern auch christliche Magnaten in schwierigen Lebenslagen gern Rat holten. Man sagte ihm auch vor allem einen überlegenen juristischen Scharfsinn und nicht so sehr Wundertaten wie spontane Heilung unheilbar Erkrankter und Besessener, Auferweckung Toter, Schreiten über Wasser, Herbeizaubern von Wein und Brot für Hungernde und ähnliches nach.

Galizische Synagogen

Der interessierte Kunsthistoriker fand 1914 – und trotz Kriegsverwüstungen auch noch im freien Polen nach 1918 – in Galizien Hunderte herrlicher Synagogen auch in kleinen Orten, deren Bevölkerung manchmal fast rein jüdisch war. In Brody zum Beispiel, in dessen Nähe der jüdische Schriftsteller Joseph Roth zur Welt kam, gab es nur fünfzehn Prozent Nichtjuden. Diese Synagogen stammten durchweg aus dem siebzehnten Jahrhundert und waren oft mit Zuschuß aus Staatsmitteln erbaut worden.

Denn damals waren die Polen am vermehrten Zuzug von Juden, hauptsächlich Flüchtlingen vor den Verfolgungen in Deutschland, noch interessiert. Die gewerbetreibenden Juden sollten hier, im wirtschaftlich und sozial zurückgebliebenen Osteuropa, den einstweilen noch sehr schwach entwickelten dritten Stand ergänzen, teilweise auch erst bilden.

Die kleineren Synagogen waren aus Holz, und sie unterschieden sich nur durch andere religiöse Insignien von den Holzkirchen der Ruthenen. Von ihnen blieb im Zweiten Weltkrieg nicht eine einzige erhalten. Unheimlich stereotyp pflegte die SS kurz nach dem Durchmarsch der deutschen Truppen die ganze jüdische Gemeinde in die Synagoge zu treiben und mit dem Gebäude zusammen zu verbrennen.

Doch auch die steinernen Synagogen wurden fast alle vernichtet, obwohl das nicht so einfach war. Denn manche von ihnen waren, mit Hilfe der Landesherren, zu regelrechten Festungen für die Notzeit ausgebaut. So auch die besonders schöne Synagoge meiner Geburtsstadt Żółkiew nicht weit von Lemberg (heute ukrainisch Lwow). König Jan Sobieski (1624-96), berühmt durch seine Siege über die Türken bei Wien und über die Tataren, hatte hier sein Stammschloß. 1687 war die Synagoge in schönem Renaissancestil kraft Privileg des Königs und zum Teil aus seinen Mitteln erbaut worden. Auch die schönen rundbogigen Arkadenhäuser am Ringplatz waren teils durch

König Jan Sobieski, teils schon zu Beginn des siebzehnten Jahrhunderts vom Gründer der Stadt, Hetman Stanislaw Żółkiewski erstellt worden. Auch Żółkiewski hatte gegen die Türken gekämpft und war mit seinem Sohn zusammen gefallen. Żółkiewskis und Sobieskis Standbilder aus rotem Marmor flankierten den Hochaltar der Pfarrkirche mit ihrem italienischen Kuppelbau, die Gräber der beiden Familien waren auf andere Kirchen und Klöster der Stadt verteilt. In den herrlichen Arkadenhäusern wohnten bis 1941, also bis zum Einmarsch der Hitlerarmeen, nach wie vor nur Juden, genau wie schon im siebzehnten Jahrhundert, als König Sobieski, damals noch ein kleiner Knabe, bei den jüdischen Familien hier manchmal als »Schabbesgoj« am Sabbat das Licht ausgelöscht hatte – Juden dürfen an den meisten Feiertagen und folglich auch am Sabbat nicht mit Feuer hantieren und folglich auch weder Licht anzünden noch auslöschen; diese Aufgabe besorgte in frommen jüdischen Häusern daher ein Christ, ein »Goj«, der deshalb auch der »Schabbesgoj« genannt wurde. Der kleine Jan kostete auch gern von den jüdischen Festspeisen.

Diese gute Beziehung zwischen Jan Sobieski und den Juden von Żółkiew war durchaus typisch für die damalige Haltung des polnischen Adels den Juden gegenüber. Da sie nicht als ungebetene Gäste, sondern auf ausdrückliche Einladung gekommen waren und im Sozialgefüge des Landes auch eine feste Aufgabe zu erfüllen hatten, da sie sich überdies als tüchtige Verwalter der Adelsdomänen bewährten, genossen sie die Sympathien der Adelsherren.

Die Juden Galiziens stammten aber nicht alle aus Mitteleuropa. In Südrußland hatte es schon seit dem Altertum Juden gegeben. Sie waren dort aus Persien und Mesopotamien eingewandert. Manche wanderten später bis Polen weiter.

Andere Juden Osteuropas waren nicht vorderasiatischer, sondern rein osteuropäischer Herkunft. Im achten Jahrhundert waren nämlich in Südrußland die Chasaren, die damals zwischen dem Kaspischen und dem Schwarzen Meer ein großes Reich besaßen, zum Judentum übergetreten. Sie hatten sich zwar der antitalmudischen Sekte der Karäer angeschlossen, und zwischen den Karäern und den talmudgläubigen Juden bestand später eine tiefe Feindschaft. Aber Anfangs mischten sich beide Gruppen noch häufig. Außerdem gingen die Juden Osteuropas im Mittelalter und auch noch in der frühen Neuzeit viele Mischehen mit slawischen Heidenmädchen ein, die zum Judentum übertraten. Bewegte Klagen osteuropäischer Bischöfe hierüber haben sich erhalten.

All dies färbte auf Art und Aussehen der Ostjuden ab. Immer wieder erzählen christliche Israelreisende, das Bauernleben in den Kibbuzim, den landwirtschaftlichen Kommunen Israels, habe bei den dortigen Juden zu einer rassischen Mutation geführt: Viele von ihnen seien jetzt blond und blauäugig. Natürlich ist das Unsinn. Solche milieubedingten Rassemutationen gibt es nicht – ganz davon abgesehen, daß »blond« und »bäuerlich« ja keineswegs identische Begriffe sind. Schon die Eltern und Großeltern dieser Kibbuznikim waren in der Ukraine hellblond, und die aus Arabien stammenden Juden bleiben auch im Kibbuz dunkeläugig und schwarzhaarig.

Erst kürzlich erzählte ein ehemaliger deutscher Offizier aus dem Zweiten Weltkrieg, er und seine Kameraden seien, frisch indoktriniert mit Rassenideologie, 1941 an die Ostfront gekommen. Der Anblick der vielen hellblonden und blauäugigen jüdischen Mädchen, die so ungemein »arisch« und sogar »nordisch« aussahen, die aber dennoch aus Rassegründen zur Liquidation bestimmt waren, habe sie alle tief erschüttert.

Vom Untergang der Żółkwer Synagoge 1941 hat sich übrigens ein dokumentarischer Bericht erhalten. Er stammt aus dem Buch »Der Untergang der Juden von Żółkiew« aus der Feder eines jüdischen Religionslehrers, der während der ganzen Besatzungszeit durch die Naziarmeen in Żółkiew war und nur durch einen Zufall überlebt hat: Er fuhr bereits im Deportationszug zum Vernichtungslager in Belz, es gelang aber einigen jungen Männern, den verschlossenen Waggon aufzubrechen. Sie wagten dann den Sprung ins Freie. Den meisten half es zwar gar nichts: Die SS hatte bei jedem Waggon auf dem Trittbrett Posten aufgestellt, die auf die Fliehenden schossen und sie meist auch tödlich trafen. Andere blieben verwundet liegen, und da man von den Polen nur selten Hilfe erwarten konnte, blieb ihnen nichts übrig, als sich mühsam ins Żółkwer Ghetto zurückzuschleppen. Begegneten sie unterwegs Polen oder Ruthenen, so schlossen diese meist aus den Verletzungen und dem Aussehen der Flüchtlinge, daß es sich um Juden handeln mußte,

die aus einem Deportationszug gesprungen waren,
und sie zeigten die Unglücklichen beim nächsten
deutschen Posten an.

Jener Religionslehrer aber entkam und überlebte.
Über die Zerstörung der Żółkwer Synagoge berichtet
er folgendes: Noch vor dem Eintreffen der SS-Trup-
pen wollte ein besonders fanatischer Wehrmachtsoffi-
zier den Bau durch Kanonenschüsse zertrümmern
lassen. Es mißlang. Die Mauern, die ja als Festung
gedacht waren, waren zu gewaltig und hielten stand.

Daraufhin beschloß er, die Synagoge wenigstens
innen auszubrennen und als zusätzliches Brennmate-
rial hierbei einige hundert Juden zu verwenden,
genau wie es in den vielen kleinen Orten beim Verbrennen der Holzsynagogen geschah. Im letzten Augenblick kam aber ein anderer Offizier hinzu und
verhinderte die Aktion.

Ein Teil der Juden Żółkiews wurde dann aber etwas
später doch noch lebendig verbrannt. Als nämlich
eine Typhusepidemie ausbrach, wurden ganze Quartiere »aus sanitären Gründen« in Brand gesteckt, und
jeder Jude, der zu entkommen suchte, wurde in die
Flammen zurückgetrieben oder niedergeschossen.
Unter ihnen befand sich auch Großvaters Bruder
David, damals schon ein alter Mann.

Das Verbrennen der gewöhnlichen jüdischen Häuser – mit Ausnahme der alten steinernen Arkaden-
bauten – bereitete hier dagegen wenig Mühe. Sie
waren im allgemeinen leicht und mit viel Holz gebaut. Erst ein wenig weiter östlich, jenseits der zaristischen Grenze, gab es früher ungemein massiv kon-
struierte jüdische Häuser im sogenannten »Pogrom-

stil«. Sie hatten dicke, unbrennbare Mauern und gewaltige, vollkommen glatte Tore und Fensterläden aus Eichenholz, die man nur von innen her aufriegeln konnte. Dort war jedes Haus gleichsam eine kleine private Festung, die von mangelhaft organisierten Pogrombanden ohne einen sehr tüchtigen Anführer nicht ohne weiteres gestürmt werden konnte.

Noch im letzten Weltkrieg merkte jeder Kenner der ostjüdischen Geschichte und Landschaft an diesem veränderten Baustil sofort, wo einst die Grenze zwischen dem habsburgischen Galizien und dem früheren Zarenreich verlief.

Reisen am Sabbat

Wir lesen ferner in dem Reiseführer: Am besten reist man am Samstag, dem Sabbat der Juden, ihrem Ruhetag, an welchem sie nicht fahren dürfen. Denn da sowohl Polen wie Ruthenen nur selten unterwegs sind, findet man dann praktisch leere Bahnen vor.

Andererseits aber – so überlegt der Verfasser des Reiseführers weiter – fährt man wohl doch besser nicht an einem Sabbat. Denn da das ganze Gastgewerbe jüdisch ist, bekommt man am Sabbat nirgends zu essen.

Diese Auskunft ist allerdings nicht ganz korrekt. Mahlzeiten auszugeben und selber gut zu essen ist am Sabbat nicht verboten. Im Gegenteil. Verboten ist am Sabbat nur das Abwickeln von Geschäften und das Berühren von Geld. Der Einheimische – ob Jude oder Christ – konnte folglich ohne weiteres auch an einem Sabbat und an allen jüdischen Feiertagen – die Fasttage natürlich ausgenommen – auswärts essen und dann am nächsten Tag die Rechnung begleichen. Nur für den Durchreisenden, den Fremden ergaben sich aus den jüdischen Sabbatgesetzen im Restaurant Komplikationen. Die Warnung, nicht an einem Sabbat zu reisen, besteht also dennoch zu Recht.

Christen, Juden und
ihre Festtage

Nicht nur für Reisen am Sabbat war es wichtig, die jüdischen Religionsgesetze in Galizien ein wenig zu kennen. Wo immer verschiedene Religionsgruppen nahe beisammen hausen, müssen sie zwangsläufig von den Glaubenssitten und -festen ihres Nachbarn Notiz nehmen. Bildet eine der Gruppen eine starke Majorität im Lande, so wird man ihre Religionsfeste schon deshalb nicht mißachten können, weil dann bestimmte öffentliche oder private Dienstleistungen wegfallen und vielleicht auch alle Ämter und sogar Geschäfte geschlossen sind.

Doch auch die Festtermine und religiösen Bräuche der Minoritäten im Land muß man berücksichtigen. Wir hörten ja schon, daß ein rein jüdisches Gastgewerbe auch den Nichtjuden an bestimmten Tagen das Reisen erschwerte.

In Galizien respektierte man aber den Festkalender des Nachbarn auch aus andern Gründen: Jede Religionsgruppe buk und kochte ihre besondern köstlichen Festspeisen zu den verschiedenen Feiertagen. Ganz von selbst ergab es sich in der relativ toleranten Luft Altösterreichs, daß man den andersgläubigen Nachbarn zu einer Kostprobe einlud.

Allerdings fielen diese Einladungen ein wenig einseitig aus: Es waren vor allem die Juden, die ihre christ-

lichen Nachbarn – Polen oder Ruthenen – zu einem Stück leckeren Honigkuchen oder zu dem berühmten kalten gesülzten »Gefüllten Fisch« einluden. Dieser Honigkuchen, den die Juden in dicken großen goldbraunen Laiben mit viel Waldhonig, exotischen Gewürzen, Walnüssen, Weinbeeren und Zitronen- und Orangenschalen buken, hieß bei ihnen »Honig-Lekach«. Das jiddische Wort Lekach ist die korrumptierte Form von »Lebkuchen«, der aber seinerseits nichts mit »Leben« zu tun hat, aber auch nicht mit dem hebräischen Wort Leb oder Lew = Herz. Herzförmig seien nämlich die Honigkuchen gewesen, so schrieb mir ein protestantischer Pfarrer und guter Hebraist, die von jüdischen Markthändlern früher auf Messen angeboten wurden, und heute noch finde man sie in dieser Form auf ländlichen Jahrmärkten. Der Name leitet sich vielmehr von dem altdeutschen Begriff Leb = ungereinigter, klebriger Honig, her. –
An sich waren die Slawen nicht minder gastfreundlich als die Juden. Aber der Großteil der jüdischen Bevölkerung hielt sich damals noch streng an die mosaischen Speisegesetze und aß bei Nichtjuden höchstens Brot und harte Eier. Die Christen ihrerseits nahmen dagegen Einladungen bei Juden mit Vergnügen an. Und in den guten jüdischen Gaststätten von Lemberg ließen sich ebenso viele Antisemiten wie Juden die leckeren koscheren Spezialitäten schmecken. Hierzu eine kleine heitere und zugleich bittere Geschichte aus meinem Elternhaus:

»Ökumenische« Mazzen

Meine Mutter Regine war damals noch ein kleines Mädchen. Es waren gerade die Tage des Pessachfestes, das die Juden zur Erinnerung an den Auszug aus Ägypten feiern. Damals fanden sie, wie die Bibel berichtet, keine Zeit mehr, ihr Brot vor der überstürzten Flucht aus dem Lande zu säuern, daher essen sie bis auf den heutigen Tag um die Osterzeit eine ganze Woche lang statt lockerem Brot mit Hefe oder Sauerteig nur flache, dünne, knusprige ungesäuerte Brotfladen, die sogenannten Mazzen.

Ganz nebenbei: Nur zufällig hat sich für dieses Osterbrot der Name Mazza und nicht die ebenfalls aramäische Bezeichnung Pitta erhalten. Beide Benennungen stammen aus der Talmudzeit, in welcher auch Jesus lebte. Man sprach zu seinen Lebzeiten im Heiligen Land schon lange nicht mehr das biblische, strenge Hebräisch, sondern das farbige volkstümliche Aramäisch, damals die Lingua franca des ganzen Nahen Ostens. Pitta nennen die Ägypter heute noch ihr Flachbrot; in Neapel heißt es, pikant beschichtet, Pizza. Das Wort Mazza hingegen, von den Griechen zu massa abgewandelt, ist ins Deutsche als »Masse« eingegangen.

An einem dieser Pessachtage kam nun Każik, der kleine Sohn des Flurnachbarn, eines gebildeten polnischen Schuldirektors, zu meiner Mutter Regine, die damals ebenfalls noch klein war, und bat sie um eine Mazze, die er auch bekam. Regine nahm sich auch selber eine, gemeinsam saßen sie auf den Holzstufen der Gartenveranda und knabberten die knusprigen Scheiben mit Appetit.

Plötzlich erklärte der kleine Każik, indem er auf seine Mazze deutete: »Da ist Christenblut drin.«...
Meine Mutter schaute den Jungen verdutzt an und fragte: »Warum ißt du es dann?« – »Weil es schmeckt«, sagte der Junge ungerührt und knabberte ruhig weiter...

Nach einem alten christlichen Aberglauben schächten die Juden zu Ostern Christenkinder und mischen ihr Blut in das rituelle Osterbrot. Die Verleumdung bekommt dadurch noch einen besonders grotesken Akzent, als die Juden, im Gegensatz zu den Christen, nach mosaischem Gesetz überhaupt kein Blut genießen dürfen, also nicht einmal von jenen Tieren, die ihnen sonst als »koscher« – rein – zum Genuß freigegeben sind, geschweige denn das Blut von Menschen.

Im Zarenreich konnte es unter dem Beifall von Zar Nikolaus noch kurz vor dem Ersten Weltkrieg gegen einen unglücklichen Juden zum Ritualmordprozeß kommen, der nur durch den kollektiven Aufschrei der gesamten, internationalen Presse gestoppt wurde. Und noch im sozialistischen Polen unter Gomulka kam es in Kielce zu einem Judenpogrom an den paar Überlebenden aus den Vernichtungslagern, weil ein Bauernbursch seine tagelange Absenz mit der Verleumdung »erklärt« hatte, die Juden hätten ihn gefangengehalten, um ihn zu schächten.

Ähnliche Greuelmärchen erzählten sich schon vor über zweitausend Jahren die Ägypter von den tüchtigen Griechen in ihrem Lande. Die Christen übernahmen dann den Aberglauben, wechselten aber die Griechen gegen die Juden aus. Und Zehntausende unschuldiger Juden hat diese wüste Wahnvorstellung im Laufe der Jahrtausende das Leben gekostet. Noch im neunzehnten Jahrhundert liefen in Osteuropa einzelne Ritualmordprozesse gegen Juden, und sowohl in Italien wie in England gibt es einen Wallfahrtsort für ein heiliggesprochenes Kind, das als Märtyrer dieser jüdischen rituellen Blutsitte umgekommen sein soll. Es war ja auch gar zu einfach und zu verlockend, um die Osterzeit herum ein Kind selber zu ermorden, seine Leiche ins Judenghetto zu schmuggeln, sie dann triumphierend zu »entdecken«, und hierauf die als »Ritualmörder« einwandfrei »überführten« Juden zu massakrieren, ihre Häuser auszuplündern, die Honoratioren der jüdischen Gemeinde zum Foltertod zu verurteilen und ihren Besitz einzuziehen. Bis heute hat der Vatikan die beiden Kultgräber nicht als Irrtum und Judenverleumdung verurteilt. Każik hatte das böse Märchen natürlich nicht von seinen gebildeten Eltern gehört, die obendrein mit meinen Großeltern nahe befreundet waren, sondern vermutlich von Gassenjungen oder von einer albernen Magd.

Weihnachten unterm Tisch

In unserm eigenen Hause wurden übrigens nicht nur die jüdischen Feste mit ihren herrlichen Küchenspezialitäten und ihren reizvollen alten Bräuchen gefeiert, sondern auch Weihnachten. Oder genauer: Die ruthenische Kindermagd meines jüngsten Onkels fei-

erte mit ihm zusammen das Fest, indem sie nach uralter – vermutlich vorchristlicher – Sitte die zwölf üblichen Festgerichte auf den Tisch stellte und sich
dann mit ihrem Zögling zusammen unter den Tisch
auf Stroh setzte. Auf diese Weise symbolisierten die
Bauern unserer Gegend entweder den Stall von
Bethlehem oder die Krippe in jenem Stall. Stundenlang saß sie mit dem kleinen Knaben unter dem
Tisch und sang ruthenische Weihnachtslieder. Gegen
Mitternacht brach sie auf und ging mit dem Kind zusammen zur Weihnachtsmesse. Niemand im Hause
nahm Anstoß daran ...

Weiter nördlich und östlich, im Zarenreich, sah es anders aus. Jedes Fest, das an Christi Leben und Leiden erinnerte, wurde dort zum Anlaß, auf die Juden,
die »Gottesmörder«, loszugehen. Manchmal war es
ein spontanes Volksvergnügen, manchmal – besonders am Fronleichnamstag – geschah es auch auf An-
regung durch den Popen. An solchen Tagen gingen
die Juden den Christen sorgfältig aus dem Weg. Doch
auch zur Weihnachtszeit kam es zu Übergriffen:
Nach der Mitternachtsmesse tranken die Bauern gern
ein paar Gläschen Schnaps, und dann fielen sie über
jüdische Passanten her ...

Da kam denn im Lauf der Zeit bei den Juden die
Sitte auf, vorsichtshalber in der Weihnachtszeit nicht
auszugehen. Nun muß man wissen, was das für sie
bedeutete. Die frommen Ostjuden trieben in ihrer
Freizeit keinen Sport und machten auch keine Aus-
flüge. Die Frauen saßen brav zu Hause bei ihren Kindern. Die Männer aber, die fast durch die Bank
schon als Knaben eine solide religionswissenschaftli-

che Bildung genossen hatten, gingen ins Beth-ha-Midrasch, das Bet- und Lernhaus, das außer den für das Gebet notwendigen Torarollen immer auch eine Bibliothek mit rabbinischen Schriften und Talmudfolianten besaß. Dort vertieften sich ehrbare jüdische Familienväter nach ihrer Tagesarbeit zu ihrer Erholung und ihrem Vergnügen in scharfsinnige Talmuddebatten. Nur die wenigsten von ihnen waren reich genug, all diese teuren Bücher selber kaufen zu können. Sie waren also auf den Buchbestand des Bet- und Lernhauses angewiesen. Davon abgesehen klärten sie strittige Fragen gern gemeinsam, durch Debatte. Das war ein zusätzlicher Grund, nicht zu Hause, sondern gemeinsam im Lernhaus zu lesen.

Kartenspiel zur Weihnacht

In der Weihnachtsnacht aber blieb man, da man ja nach Sonnenuntergang nicht mehr die Straßen betrat, von den Büchern abgeschnitten. Und da bildete sich die feste Sitte heraus, in dieser einzigen Nacht des Jahres bis zum Morgengrauen Karten zu spielen. Ursprünglich geschah es wohl nur, damit man sicher war, daß keiner sich schlafen legte: Bei Krawallen war es ratsamer, hellwach und angekleidet und folglich bereit zur Flucht oder zur Abwehr zu sein.
Später aber vergaß man den Grund des Brauches vor allem in jenen Gegenden, in welchen die Gefahr eines Überfalls nicht allzu akut war. Man zerbrach sich nun den Kopf darüber, was die Sitte wohl zu bedeuten hatte, und man legte sich zurecht: Um besonders

geliebte und verehrte Tote zu ehren, pflegen fromme Juden an deren Todestag ein Stück aus dem Talmud zu studieren. Nun fügten die Christen den Juden im Namen Jesu immer wieder bitterstes Leid zu. Dafür konnte der historische Jesus natürlich nichts, er war ja selber ein jüdischer Märtyrer gewesen. Das aber vergaß man nun. Und man dachte auch nicht daran, daß Weihnachten ja gar nicht sein Todes-, sondern sein Geburtstag war. Man war sich aber darin einig, daß sein Andenken nicht durch Talmudstudium geehrt werden dürfe. Und also spiele man deswegen die ganze Nacht hindurch Karten.

Allmählich gesellte sich zu dieser einen Erklärung noch eine zweite, weshalb man in dieser Nacht auf keinen Fall das Haus verlassen dürfe. Diese hängt aber nicht mit der jüdischen Exilsituation zusammen, sondern mit dem altheidnischen Aberglauben, der sich an den kürzesten und dunkelsten Tag des Jahres, den der Wintersonnenwende, heftet: In dieser Nacht gehen auch nach slawischem Volksglauben böse Geister und Dämonen um. Nur daß nach Meinung der Bauern gerade die Weihnachtsnacht, die ursprünglich ohne Zweifel mit der der Wintersonnenwende identisch war, von solchen Schrecknissen freiblieb. Für die Juden aber war sie, auch ganz ohne Aberglauben, die gefährlichste aller Nächte.

Hochzeit à la Chagall

Aber nicht nur die religiösen Feiertage des andersgläubigen Nachbarn nahm man zur Kenntnis, sondern auch seine Familienfeste. Auch sie wurden natürlich bei jeder Volks- und Religionsgruppe ein wenig anders gefeiert. Man nahm es auch als selbstverständlich hin, wenn eine solche Feier mit so viel Lärm verbunden war, daß man eine oder sogar mehrere Nächte kein Auge zutun konnte. Diese Rücksicht kannte man in Altösterreich auch den Juden gegenüber. Vermutlich haben sich die Juden des zaristischen Bereichs, die sich ständig bedroht fühlten, bei ihren Festen mehr Zurückhaltung auferlegt. Besonders lebhaft ging es natürlich auf Hochzeiten zu.

Auf jüdischen Dächern

Wir neigen dazu, in Chagalls lustigen Bildern mit den Haustieren und den fiedelnden Kaftanjuden über den niedrigen Strohdächern eine gelungene Mischung aus bunter, naiver, russisch-bäuerlicher Schildermalerei, jüdischer Kleinstadtfolklore und modernem Surrealismus zu sehen. Es steckt aber sehr viel Wirklichkeit in ihnen. Hühner pickten tatsächlich gern im Stroh der armseligen schiefen Dächer des ostjüdischen »Städtels« herum – nur die wenigsten

Orte waren ja so herrlich im Barockstil aus Stein erbaut wie Żółkiew.

Und oft stand oben auf einem der Strohdächer der »städtische Zap« (Ziegenbock) und meckerte traurig und zornig auf die Leute herab. Seine Existenz verdankte er jenen frommen Juden, die noch zweitausend Jahre nach der Zerstörung des Tempels von Jerusalem am Bibelgesetz festhielten, wonach jeder Erstling – Sohn, Haustier oder Pflanze – den Priestern zustand und folglich für den Laien tabuisiert blieb.

Erstlingssöhne werden von frommen jüdischen Eltern heute noch kurz nach der Geburt symbolisch von den Priestern »losgekauft«. Das geschieht auf folgende Weise: Das ganze Volk Israel ist seit der Zeit, da es den Tempel in Jerusalem noch gab, in die drei erblichen Gruppen der Kohanim (Einzahl Kohen, Priester), Leviten (Einzahl Levit, Nachkomme von Levi, Hilfsbeamte beim Tempeldienst) und Israel (gewöhnliches Volk ohne spezielle kultische Aufgaben beim Gottesdienst) eingeteilt. Nach der Geburt des ersten Knaben lädt nun der Vater einen beliebigen Kohen ein und überreicht ihm einen kleinen Betrag als Lösegeld für den Sohn. Gewöhnlich wählt man hierfür einen armen Mann aus und tut auf diese Weise zugleich ein gutes Werk. Die Prozedur nennt man »pidian-ha-ben«, Auslösung des Sohnes.

Möglicherweise ist diese Ablösung ein letzter symbolischer Rest eines uralten Sohnesopfers. Im Lande Kanaan fanden die Hebräer ja noch die Sitte des Kindesopfers bei den Heiden vor, und auch Abraham glaubte noch zunächst, daß Gott von ihm das Opfer

seines Knaben Isaak fordere. Durch den Eingriff des Engels blieb es ihm allerdings erspart, den Knaben zu schlachten. Aber ohne ein tiefes Unbehagen kann man das betreffende Kapitel in der Bibel nicht lesen: Auf dem Hinweg zum Berg Moria, wo das Opfer stattfinden soll, ist deutlich von Vater und Sohn die Rede; beim Abstieg hören wir nur von Abraham allein. Sollten hier Bruchstücke einer älteren Fassung in den Text geraten sein, in welcher tatsächlich ein Knabe geopfert wurde? Daß dergleichen im Prinzip zur alttestamentlichen Zeit auch bei den Juden noch möglich war, wissen wir ja aus der Tatsache, daß der Richter Jephta nach einem unvorsichtigen Gelübde tatsächlich seine Tochter geschlachtet hat: Er hatte versprochen, falls die Schlacht siegreich verlaufen werde, das erste Lebewesen zu opfern, das ihm bei der Heimkehr entgegenlaufen würde. Er tat das allerdings nicht im Konsens mit dem herrschenden Brauch: Gleich bei ihrem Auftreten in der Weltgeschichte hatten die Hebräer mit der Episode, in welcher Erzvater Abraham anstelle seines Söhnchens Isaak einen Schafbock opferte, zu jenem Zeitpunkt weit und breit als einzige das menschliche Ritualopfer abgeschafft und ausdrücklich als »heidnischen Greuel« erklärt. Um so abstruser und perverser mutet die Ritualmordverleumdung gegen Juden an. –
Doch wie auch immer: Erstlinge sind nach Bibelgesetzen also tabuisiert. Ziegen konnte man, wenn man sie schon nicht schlachten durfte, wenigstens melken. Was aber sollte man mit dem unnützen Bock anfangen? Ihn jagte man einfach davon. –
Auch jüdische Schuljungen mit dem kleinen runden

Schädelkäppchen (Jarmulka) und den langen Schlä-
fenlocken (Pejess) krabbelten auf den Strohdächern
herum und plünderten von dort aus die überhängen-
den Obstzweige aus Nachbars Garten. Und manchmal saßen auf dem Strohdach auch jüdische Musikanten und spielten von der luftigen Höhe herunter
zu einer jüdischen Hochzeit auf.

Das bräutliche Haaropfer

Die reichen und vornehmen Juden heirateten in
neuerer Zeit nur noch nach langweiliger bürgerlicher
Manier. Das einfache Volk aber hielt nach wie vor an
den hübschen alten Bräuchen fest. Mein Großvater
liebte die jüdische Festfolklore, ahnte aber, daß seine
eigenen Kinder nicht mehr auf diese traditionelle
Weise ihre Hochzeit feiern würden, und nahm sie
daher zu Hochzeitsfesten einfacher Leute mit, sooft
sich hierzu die Gelegenheit bot. Noch heute erzählt
meine Mutter begeistert von einer solchen Trauung in
einem Bäckerhaus. Das Paar, das sich, wie es oft vor-
kam, an diesem Tag zum ersten Mal sah, wurde unter
dem Traubaldachin zusammengegeben, der von vier
jungen Männern getragen wurde.
Die Trauung konnte jeder erwachsene Jude vollzie-
hen, und es genügte sogar, wenn der Bräutigam vor
Zeugen dem Mädchen einen Ring über den Finger
streifte und dazu die hebräische Trauformel sprach.
Meist aber zog man der höheren Feierlichkeit zuliebe
doch einen Rabbiner zu. Unmittelbar nach der Trauung pflegte man der Braut die Zöpfe abzuschneiden

und das Haupt mit einem sogenannten »Stirntuch«
zu bedecken, das in reichen Familien zierlich mit Perlen und Edelsteinen bestickt war. Später kamen statt
dessen auch Perücken auf, die aber sicher nicht dem
ursprünglichen Sinn der Sitte entsprechen. Man
schneidet das lange Haar ja nicht ab, um es nachher
mit Mitteln der Friseurkunst wieder vorzutäuschen.
Sowohl die nüchtern-orthodoxen wie auch die em-
phatisch-chassidischen Kreise der Juden halten bis
heute an dieser alten Sitte fest, obwohl niemand
weiß, wann und warum sie aufkam und was sie zu
bedeuten hat. Die Bibel erwähnt zwar einmal, daß
gesittete Frauen auf der Straße nicht mit unbedeck-
tem Haupt herumgehen sollen, als Stirntuch über
dem geschorenen Haupt kann man aber eine solche
Kopfbedeckung auf keinen Fall deuten. Ein Haaropfer der Braut kennt sie jedenfalls nicht. Auch im Talmud, der sonst von Ritualvorschriften aller Art über-
quillt, wird nirgends gefordert, Frauen müßten sich
bei der Verheiratung die Haare abschneiden.
Auch der Versuch, die Sitte auf einen uralten semitischen Brauch zurückzuführen, der sich etwa bei den
Arabern noch vorfinden ließe, scheitert. Die Muslime
kennen wohl ein Haaropfer, aber nur der Männer
und niemals der Frauen, und obendrein nicht in Verbindung mit bestimmten Familienfesten, sondern nur
aufgrund eines persönlichen Gelübdes. Ursemitisch
ist die Sitte also auf keinen Fall.
Man hat auch schon versucht, den Brauch statt religiös, soziologisch zu deuten: Im Mittelalter seien die
jüdischen Frauen von Übergriffen durch die christliche Gentry bedroht gewesen, deshalb seien sie auf

die Idee verfallen, sich durch Abrasieren der Haare so zu entstellen, daß keiner sie mehr anrühren wollte. Aber erstens ist auch abgeschorenes Haar kein Schutz vor Vergewaltigungen, sonst hätten sich Soldaten niemals an Nonnen vergriffen. Und zweitens müßte man dann nicht nur verheirateten Frauen, sondern auch erst recht den hübschen jungen Mädchen das Haupt kahl scheren.

Tatsächlich liegt der Verdacht nahe, daß der Brauch gar nicht jüdischen Ursprungs ist. Dies bestätigt auch ein berühmter Talmuddezisor des achtzehnten Jahrhunderts aus Ungarn, welcher die Sitte als unbegründet, aber offenbar unausrottbar bezeichnet. Und wirklich gab es ein Haaropfer der Frau bei ihrer Verheiratung nur bei den Heiden Europas – den Slawen und Germanen –, mit denen die Juden in Kontakt kamen, als sie, zusammen mit den römischen Armeen, nordwärts zogen und sich unter Germanen ansiedelten, und später, als sie in noch nicht restlos christianisierte slawische Gebiete einwanderten. Auf diese alte heidnische Sitte deuten bis heute auch die geflochtenen Zopfbrote hin, die man vielerorts in Europa an Festtagen ißt und die auch von Juden bei Festmählern aufgetischt werden. Diese »Eierzöpfe« sind ohne Zweifel ein symbolischer Ersatz für die abgeschnittenen Flechten der Braut an ihrem Hochzeitstag.

Für diese Annahme bietet sich speziell bei den Juden noch ein zusätzlicher Beweis an: Bis heute nennen die Juden diese geflochtenen Zopfbrote entweder Challes oder Berches. Der Name Challa ist hebräisch und heißt wörtlich »Teighebe«. Er deutet auf die alte Sitte zur Zeit des Jerusalemer Tempels hin, von jedem Backwerk einen Teil für die Priester abzuzweigen. Auch heute noch pflegen fromme jüdische Frauen ein kleines Stück vom Teig abzuzupfen und mit einem bestimmten Segensspruch ins Feuer zu werfen. Der Name Challa, Teighebe, hat sich dann auf das ganze Festbrot übertragen.

Schwieriger ist die Herleitung des Namens »Berches«. Man hat schon versucht, ihn auf das hebräische Wort »bracha« (Segen) zurückzuführen, und in der Tat sprechen die Juden beim Genießen der Berches einen bestimmten Segen. Aber erstens ist es derselbe Segensspruch, der auch über jedes andere Brot gesprochen wird, und zweitens ist auch der ungebildetsten Jüdin das hebräische Wort Bracha, in jiddischer Aussprache Broche oder Bruche, zu geläufig, als daß man sich die Entstellung des Wortes in »Berches« erklären könnte.

Dagegen bietet sich eine andere und weit einleuchtendere Erklärung an: Die heidnische Göttin, der die Frauen Europas ihre Flechten am Tag der Vermählung zu opfern pflegten, hieß Berchta.

Die Sitte ist also heidnischer Herkunft. Und während die christianisierten Einwohner Europas sie längst fallengelassen haben und nur noch den Nonnen, den Bräuten Christi, die Haare abscheren, halten orthodoxe und chassidische Juden, die nie Heiden waren und zu deren Kultrepertoire das Abschneiden des Brauthaars also nie gehörte, an dieser Heidensitte bis heute fanatisch fest.

Es gibt einen deutschsprachigen Schilderer ostjüdischen Lebens: Karl Emil Franzos aus Czortków (1848–1904). Lange Zeit war er beinahe vergessen.

Man erinnerte sich seiner höchstens noch unter Germanisten, weil er der erste war, der eine umfassende Ausgabe von Georg Büchner redigiert hatte. Nur in der ehemaligen DDR wurde er mitunter noch neu aufgelegt. Jetzt erinnert man sich aber allmählich wieder an ihn.

Seine Bilder des ostjüdischen Lebens sind lebenswahr und eindrucksvoll. Vom Chassidismus, den er seiner fanatischen Auswüchse wegen zeitlebens gehaßt hat, entwirft er allerdings ein etwas einseitiges negatives Porträt. Indes ist es nicht einseitiger und unsachlicher als das allzu positive Bild, das Martin Buber von der Bewegung liefert.

Die Haarfrevlerin

Eine der Erzählungen von Franzos kreist um die Sitte dieses bräutlichen jüdischen Haaropfers: Die Geschichte trug sich in Czortków zu, wo ein besonders fanatischer chassidischer Wunderrabbi residierte und die ganze Atmosphäre in der jüdischen Gemeinde bestimmte. Dort hatte nun ein jüdisches Mädchen so herrliche hüftlange goldene Flechten, daß ihr der Gedanke, später einmal kahlgeschoren leben zu müssen, unerträglich war. Sie wollte sich von ihrem Goldhaar nicht trennen. Zwar sah sie keine Möglichkeit, das Abschneiden der Flechten am Hochzeitstag zu vermeiden. Aber Haare wachsen ja wieder nach. Und also nahm sie ihrem Verlobten das Versprechen ab, unter dem Stirntuch später wieder ihre langen Zöpfe tragen zu dürfen. Er sagte es zu und hielt Wort.

Als sie aber bei einer Schwangerschaft in der Synagoge ohnmächtig zusammenbrach, quoll ihr Haar unter dem Stirntuch hervor. Die Juden des Städtchens waren entsetzt.

Stärker als in den talmudisch-nüchternen Gemeinden herrscht in den mystisch-chassidischen der feste Glaube, daß alle füreinander bürgen und verantwortlich sind und daß folglich die Sünde eines einzelnen leicht die Kollektivstrafe Gottes für die ganze Gemeinschaft nach sich ziehen kann. Morgen schon konnte das Vergehen der jungen Frau zur Folge haben, daß eine Epidemie, ein Brand, ein Judenpogrom ausbrach.

Dennoch weigerte sich der Ehemann der blondlockigen Frau, sein gegebenes Versprechen zu brechen. Also drangen einige Männer der Gemeinde bei der jungen Frau in die Wohnung ein, als sie gerade von schwerem Fieber geschwächt im Wochenbett lag, und schnitten ihr gewaltsam die Haare ab. Sie starb, zum Teil wohl vor Schrecken, und mit ihr zusammen starb auch das Kind.

Und ihre Sünde wurde als so gravierend empfunden, daß man sie ganz abseits auf dem Friedhof unter einem Grabstein ohne Namen und sonstige Aufschrift begrub: Keiner, der an ihrem Grab vorbeiging, sollte ihrer gedenken oder gar ein Totengebet für sie sprechen.

Franzos hat die Geschichte nicht erfunden. Sie hat sich in seinem Heimatort wirklich zugetragen. Tatsache ist also, daß die traditionsgebundenen Juden in Europa die einzigen sind, die einen heidnischen Brauch, an welchen bei den Christen nur noch die geflochtenen Zopfbrote erinnern, beibehalten haben und mit Fanatismus verteidigen. Doch zurück zur Hochzeit.

Musik ohne Noten

Bei einem solchen Fest fiedelten, paukten und zimbelten die ganze Zeit über die jüdischen Musikanten. Hier, in Südostgalizien, waren die Tanzmelodien der Juden aus slawischen, rumänisch-orientalischen und synagogalen Klangfolgen eigentümlich monoton und aufreizend gemischt. Die Kapellen spielten immer aus dem Stegreif, ganz ohne Kenntnis der Noten. Sie spielten übrigens auch bei den Festen der polnischen Gutsherren auf deren Schlössern auf. Andere Kapellen gab es hier ja überhaupt nicht.

Man erzählte sich lachend, wie ein polnischer Graf bei seinem Hausball den jüdischen Musikanten streng befohlen habe, auf »gebildete« Manier nach Noten zu spielen, worauf sie ihre hebräischen Gebetbücher vor sich aufbauten und dem Herrn erklärten, dies sei jüdische Notenschrift. –

Je nach Reichtum aß und trank man auf jüdischen Hochzeiten viele guten Sachen. Bestimmte Festspeisen waren aber obligatorisch. So vor allem die »goldene Jouch« (Jauche in der alten Bedeutung von Brühe, also Bouillon), eine Hühnersuppe, auf der als Symbol künftigen Reichtums runde, goldene Fettaugen und außerdem kleine dicke runde Talerchen aus einem goldbraunen, knusprigen Eierteig schwammen. Und ständig wurden Riesenkörbe mit dicken Scheiben von Zucker- und Honiglekach herumgereicht, der eine goldgelb, der andere bräunlich vom Waldhonig und den vielen exotischen Gewürzen.

Der Badchen

Zu einer richtigen altmodischen Judenhochzeit gehörte in Osteuropa auch der »Badchen« (hebräisch = Spaßmacher) oder »Marschalik«, eine Art Conférencier, der aus dem Stegreif dichtete und für Stimmung sorgte. Den Damen erzählte er in Versform von den Freuden einer guten Ehe, den Männern bot er gereimte Sentenzen aus dem Talmud oder geschichtsphilosophische Überlegungen.
Nur ein einziger dieser Badchonim, Eliakum Zunser, hat seine Dichtungen aufgeschrieben und in Buchform herausgegeben. Eines seiner endlos langen Poeme wirft die berechtigte Frage auf, weshalb Gott es zulasse, daß sein auserwähltes Volk dauernd so unbarmherzig herumgejagt werde. Und er gibt die Antwort: Nur dank den ständigen Verfolgungen hat das jüdische Volk durch die Jahrtausende hindurch überlebt; denn nur deshalb sind die Juden über die ganze Welt verstreut, damit Massaker immer nur einen Teil von ihnen vernichten ...
Der Badchen bei jener Bäckerhochzeit aber bot den Leuten primitivere Kost. Die Braut war Halbwaise, und also malte der Badchen den Frauen aus, wie die Mutter als Engel die Braut umschwebe und sie segne – alle schluchzten. Dann wechselte er in lustige

Stimmung über und wagte sogar einige sachte Zwei-
deutigkeiten – und alles jubelte.

Tänze und Polonaisen

Zuletzt wurde getanzt. Männer und Frauen natürlich
streng getrennt, denn bei sehr frommen Juden darf
ein Mann eine Frau, mit der er nicht verheiratet ist,
nicht einmal mit der Fingerspitze berühren. Nur die
beiden Paare der Schwiegereltern durchbrachen die
Regel ein wenig: Sie tanzten übers Kreuz paarweise.
Aber auch hier berührten die Männer ihre Tänzerin
nicht, sondern faßten nur mit den Fingern das Ende
des weißen Tüchleins an, das die Frauen eigens zu
diesem Zweck in der rechten Hand schwenkten.
Bei der restlichen Gästeschar hielten sich Männer
und Frauen streng voneinander getrennt. Jede der
beiden Gruppen fand sich, abseits von der andern,
zum lustigen Ringelreigen zusammen. Bei gutem Wetter strömten bald alle Gäste auf den Hof hinaus.
Stieg die Stimmung noch weiter an, so durchzogen
sie wohl auch, mit den Musikanten an der Spitze,
fröhlich hüpfend und tänzelnd, in einer endlosen Po-
lonaise die Gassen der Stadt. –

Perl Parech verheiratet ihren Sohn

Einmal dauerte ein solcher nächtlicher Straßenum-
zug bis zum Morgengrauen an. Das war bei der
Hochzeit, die Perl Parech, die Frau des Totengräbers,

ihrem Sohn ausrichtete. Parech heißt auf deutsch soviel wie »Kopfkrätze«, und wie Perls Nachname in Wirklichkeit lautete, wußte kein Mensch. Der Übername deutete aber auf eine sehr arme Herkunft hin: Diese häßliche Krankheit ist die Folge von Schmutz, Enge, Elend.

Aber auch jetzt ging es ihr nicht viel besser. Daher ergänzte sie das jämmerliche Gehalt ihres Mannes dadurch, daß sie auf dem Markt Äpfel feilbot. Sie hatte zwar keinen Obstgarten, und sie wäre sogar zu arm gewesen, um bei den Bäuerinnen Obst aufzukaufen. Aber auf dem dreihundert Jahre alten jüdischen Friedhof wuchsen rätselhafterweise zwischen den moosbewachsenen Grabsteinen Apfelbäume, deren Früchte ihr niemand streitig machte. Da aber die Leute die düstere Herkunft von Perls Äpfeln kannten, fand sich nur selten ein Käufer.

Zur Hochzeit ihres Sohnes ließ sie sich aber dennoch nicht lumpen. Die ganze Nacht hindurch spielte die Kapelle aufreizend, monoton und ständig wiederholend die kurze Tanzmelodie, und die Gäste sangen schallend dazu:

»Ssimen tow un' masel tow!«

Das ist eine uralte, noch aus dem sterngläubigen Altbabylon stammende Glückwunschformel der Juden, die wörtlich übersetzt bedeutet: Gutes Vorzeichen und guten Stern! – Während dieser Nacht konnte in der ganzen Stadt keiner auch nur ein Auge zutun.

Aber kurz vor Anbruch der Dämmerung wurde es doch noch still. Doch schon erklang es aufs neue, scharf rhythmisiert, monoton und aufpeitschend:

»Ssimen tow un' masel tow!«

Diesmal waren es nicht orthodoxe Kaftanjuden, die durch die Straßen tänzelten und sangen, sondern junge adelige habsburgische Offiziere auf dem Weg zum Frühdienst. Auch sie hatten bei dem Hochzeitslärm nicht schlafen können, und die Melodie lag ihnen, die oft slawischer Herkunft und folglich sehr musikalisch waren, noch im Ohr.

Verstanden sie den Text? Ohne Zweifel. Denn in dem Riesenreich beherrschte zwar kein einziger die vielen lokalen Idiome, die Sprachen der Slawonen und Slowenen, der Ruthenen und Rumänen, der Slowaken und Polaken. Aber Juden und folglich Jiddisch gab es überall im Lande. Daher war Jiddisch in Altösterreichs Ostregionen die Lingua franca aller, die viel unterwegs waren oder ihren Wohnsitz häufig wechseln mußten. Dies galt auch für die Offiziere, die heute hier und morgen dort stationiert waren. Sie alle verstanden und beherrschten sogar bis zu einem gewissen Grade Jiddisch. Und wenn einer von ihnen seine Soldaten anschrie: »Das war kein Parademarsch, sondern eine Lewaje (hebräisch Grabgeleit)!«, so verstanden sie ihn mühelos. Und am Czernowitzer deutschen Gymnasium, wo es Schüler verschiedenster Nationen gab, unterhielten sich alle – auch die scharf antisemitischen Ruthenen und Rumänen – in den Schulpausen nur Jiddisch miteinander und dichteten um die Wette jiddische Parodien auf klassische deutsche Balladen. Hier eine Kostprobe aus Schillers ›Taucher‹:

Sogt a zweiter, doss is ka schpass,

Zu gehn ins Wasser, woss is take (wirklich) nass! ...

Als die Offiziere sich verzogen hatten, wurde es wieder still. Dann krähten die Hähne. Und dann war es Zeit, aufzustehen.

Mit einem dicken̄ nassen Tuch um den Kopf kam die schöne Pani Kubisch, unsere Flurnachbarin, zu uns herein und klagte: »Weil Perla (sie sprach den alt-deutschen Namen Perl polonisiert als Perla aus) – weil Perla Parech ihren Sohn verheiratet, muß ich die ganze Nacht hindurch wachliegen und jetzt Kopf-weh haben!« Aber nicht im Traum wäre ihr eingefal-len, daß man sich solche nächtliche Ruhestörung durch die Juden verbieten könnte. Und dann faßte sie sich stöhnend an den Kopf und wankte wieder hinaus, während sie gleichzeitig wie hypnotisiert vor sich hin summte:

»Ssimen tow un' masel tow!«

Kurz darauf kam auch ihr Mann, Pan Kubisch, der Schuldirektor, herein. Er suchte nach seiner Frau, damit sie ihm ein Frühstück bereite. Trotz seiner geradezu zigeunerischen Musikalität hatte er seine Geige zerschmettert, als seine Frau ihm vorwarf, nur seiner herrlichen Serenaden wegen sei sie auf ihn hereingefallen. Seither sang oder spielte er nie mehr einen Ton. Jetzt aber summte er, während er wieder hinausging, ganz verschlafen:

»Ssimen tow un' masel tow!«

Und auf dem Markt saß Perl Parech wieder in ihren alten Lumpen bei ihrem Apfelkorb. Der Kopf sank ihr vor Müdigkeit immer wieder vornüber. Sooft sie aber aus dem Halbschlaf hochfuhr, schrie sie nicht, wie sonst: »Jidn, kojft Epel!«, sondern, fasziniert und hypnotisiert, rhythmisch und monoton:

»Ssimen tow un' masel tow!«

Ihr Sohn aber, der damals so prunkvoll Hochzeit feierte, obwohl er nicht wußte, wovon er mit seiner Frau zusammen die nächsten Wochen leben werde, überstand sogar die Hitlerzeit. Denn da er jenem Elendsproletariat angehörte, das zu Hause schlechthin nichts zu verlieren hatte, wanderte er rechtzeitig nach Amerika aus. Dort wurde er reich und angesehen.

Liebe und Ehe
sind zweierlei

Wie erwähnt, lernten sich jüdische Brautpaare oft erst unter dem Traubaldachin kennen. Für uns Heutige, die wir wenigstens im Prinzip gern Liebe und Ehe gleichsetzen, klingt das grausam. Und auch der jüdische Volkswitz hat die vom Schadchen, dem Ehevermittler, gestiftete Ehe scharf und boshaft aufs Korn genommen.

Allerdings verhöhnt der Witz nur eine späte und entartete Form des Gewerbes: die Jagd nach der Mitgift der Frau und nach dem akademischen Titel oder der guten sozialen Position des Mannes. Früher aber hatte es einen guten Sinn, wenn man den jungen Leuten nicht einfach erlaubte, sich den Ehepartner selber auszusuchen. Schließlich ist die Liebesehe auch bei den Nichtjuden eine späte und fragwürdige Erfindung. Man weiß mittlerweile – was man im Grunde schon immer hätte wissen müssen –, daß sie mehr Kummer und Scheidungen nach sich zieht als die durch verantwortungsbewußte Eltern und Vermittler gestifteten Verbindungen. Denn Liebe ist blind, stammt, wie Carmen singt, »von den Zigeunern«, und kennt keine sozialen und kulturellen Schranken. Obendrein verfliegt auch die intensivste Leidenschaft über kurz oder lang. Das ist so selbstverständlich, daß man die vielen scherzhaften Versuche von Humoristen, dem Leser Romeo und Julia nach zwanzigjähriger erkalteter Liebe vorzustellen, gar nicht als witzig empfindet. Denn sowenig, wie eine Leiche den lebenden Menschen widerlegt, sowenig widerlegt das Absterben der Liebe diese selbst. Widerlegt und fragwürdig ist durch solche Demonstrationen nur der sinnlose Versuch, auf ein so unstabiles Prinzip wie die Liebe eine Verbindung fürs ganze Leben aufzubauen. Dies hat denn auch, seit die Welt besteht, noch keine Gesellschaft getan, der an ihrer Selbsterhaltung etwas lag. Zumindest hat sie Liebe nur in einem sehr genau festgelegten Umkreis gestattet.

Speziell bei den Juden im Exil hatte die gestiftete Ehe noch eine zusätzliche Bedeutung. Alle andern Völker – die Zigeuner ausgenommen – leben auf einem mehr oder weniger geschlossenen Territorium. Schon dadurch allein ist ihr Bestand auch bei unvernünftigster Partnerwahl der jungen Leute einigermaßen gesichert.

Der Jude aber, der in der Zerstreuung lebt, verliert mit seiner kulturellen und religiösen Tradition zusammen über kurz oder lang auch seine jüdische Identität. Wollten die Juden als Volk, als Religionsgemeinschaft im Exil überleben, so brauchten sie anstelle des fehlenden Staates wenigstens eine geistige Führerschicht, die jederzeit imstande war, ihnen die zeitangepaßten sozialen und religiösen Direktiven zu geben. Sie hätten es sich daher auch niemals leisten können, wie die Katholiken es tun, gerade ihre Kleriker, also ihre schärfsten und besten Köpfe, durch Zölibat von der Fortpflanzung auszuschließen. Sie mußten umgekehrt eine solche Schicht der geistig Begabten systematisch züchten und erhalten.

Nun waren die alten Rabbinen nicht milieugläubig, wie es heute die Marxisten sind. Sie wußten aus uralter Erfahrung, daß man hohe Intelligenz nicht durch noch so ausgeklügelte Umwelteinflüsse und Erziehungsmethoden erzeugen kann, sondern daß sie ererbt und angeboren ist. Daher trieben sie, der Volkserhaltung zuliebe, regelrechte intellektuelle Zuchtwahl. Die Gelehrten verschwägerten sich immer wieder untereinander. Und da nur Religionsgelehrtheit zu sozialem Ansehen führte, machte es sich jeder reiche Mann zur Ehre, für seine Töchter gebildete und begabte Schwiegersöhne zu gewinnen. Da Reichtum nicht immer das Ergebnis geistiger Fähigkeiten ist, ergab sich hieraus natürlich wieder eine leichte Minderung des intellektuellen Potentials der Nachkommen. Es hatte dafür aber den Vorteil, daß die Gelehrten ihre Kinder frei von Elend erziehen und ausbilden konnten.

Zur Kastenbildung führte das Prinzip dennoch nicht. Denn die einzelnen begabten Köpfe, die sich in den sozial tiefen Schichten ausnahmsweise doch noch fanden, wurden rasch in die Oberschicht »hinaufgefiltert«: Es war ein fester Brauch, daß reiche und gelehrte Väter sich auch einmal, statt bei ihren gelehrten Kollegen, an der nächsten Talmudakademie nach einem geeigneten Bräutigam für ihre Töchter umsahen. Sie ließen sich vom Rektor den begabtesten Studenten zeigen und nahmen ihn als künftigen Schwiegersohn mit nach Hause ...

Der jüdische Vater des Kardinals

Auch in unserer Verwandtschaft geschah dies einmal. Der Vater kam mit einem fünfzehnjährigen Knaben heim, der so elend und mager war, daß er kaum sprechen konnte. Der Rektor der Talmudakademie hatte den Jungen aber als geradezu genial begabt bezeichnet. Der Vater war stolz auf seine Errungenschaft.

Die Frauen der Familie waren anderer Meinung. Das piepsende Häuflein Elend mochte begabt sein – den Ehemann hatte man sich anders vorgestellt, stattlicher, kraftvoller. Mutter und Tochter weinten und klagten. Der Vater jedoch blieb unerbittlich. Er erklärte sich nur bereit, die Hochzeit so lange hinauszuschieben, bis der Bräutigam, der sich bisher als Waisenkind jämmerlich durchgehungert hatte, ein wenig »herausgefüttert« war. Dann würde er, so meinte der Vater, den Damen des Hauses sicher besser gefallen.

Der Vater behielt recht. Nach einem halben Jahr hatte sich der Bräutigam in einen hübschen jungen Mann verwandelt. Und das junge Paar wurde später glücklich. Mit den Schwiegereltern zusammen durchreiste es ganz Europa. Der Reichtum machte solchen Müßiggang möglich. Der Junge aber war geistig zu interessiert, um bis zu seinem Lebensende nichts mehr dazuzulernen. Er holte mühelos das Gymnasialpensum nach, bestand ein Abitur und begann an westlichen Universitäten zu studieren und Doktortitel der verschiedenen Fakultäten zu sammeln. Sein Sohn, nicht minder begabt, konvertierte zum Katholizismus und wurde später Kardinal ...

Wie tief verankert bei traditionsgebundenen Juden Osteuropas die Auffassung war, daß diese Form der Ehestiftung sich für ihren Kulturkreis am besten eigne, kann man noch an einer der schönsten Liebesromanzen der jiddischen Literatur ablesen. Es ist dies die dramatische Legende »Der Dibbuk« von An-Ski, die im chassidischen Umkreis spielt. Die Liebenden, die aus Kummer darüber sterben, daß sie nicht zusammenkommen können, haben sich nicht frei gewählt, sondern waren einander durch das Gelübde beider Väter schon vor ihrer Geburt bestimmt. Die Väter hatten sich nämlich schon als Talmudstudenten gelobt, eines Tages ihre Kinder miteinander zu vermählen. Daß der überlebende der beiden Väter später sein Gelübde vergißt und bricht, kostet die Kinder das Leben. – Diese frühe und sinnvolle Ehestiftung hat, wie wir bereits erwähnten, auch der jüdische Volkswitz nie angegriffen. –

Ganz von selbst ergibt sich aus dem Gesagten, daß die Liebesehe nur für »bessere Leute« ausschied. Anders lagen die Dinge beim Proletariat, von dem man aus den erwähnten Gründen in neuerer Zeit ohnehin keinen großen Beitrag zur intellektuellen Zuchtwahl mehr erwartete. Gar zu lange hatte die Oberschicht der Juden jeden begabten Jungen aus der Unterschicht weggeheiratet.

Bei den ostjüdischen Proletariern gab es denn auch Liebespaare und Liebesehe. Während die bürgerlichen Töchter mit einem fremden jungen Mann kaum ein Wort zu wechseln wagten, spazierten die armen Dienstmädchen und Schneiderinnen mit ihrem Schatz am Sabbatnachmittag durch Park und Wald.

Auch im ostjüdischen Volkslied schlägt sich diese Tatsache in erschütternder Form nieder: Etwas von der Art des christlichen Minneliedes, das eine Geliebte aus gehobenem Milieu besingt, gab es im jüdischen Osten nie. Die alten jiddischen Liebeslieder spiegeln alle außer der Verliebtheit auch die bittere Armut des ostjüdischen Proletariats.

Ganz von selbst ergab sich aus dieser Form der vermittelten Ehe auch, daß man die jungen Leute sehr früh miteinander vermählte, wie es auch aus dem Beispiel jenes Vaters des Kardinals hervorgeht. Denn sind junge Menschen einmal voll herangereift, so lassen sie sich auch bei voller Einsicht in die Weisheit des Prinzips nicht gern ungefragt verheiraten.

Dennoch war der Willkür der Eltern eine Grenze gesetzt. Ausdrücklich erklärt der Talmud, nach dem sich fromme Juden bis heute in allen wichtigen Lebensfragen richten, daß derjenige seine Tochter zur Hure macht, der sie mit einem Alten verheiratet, und an einer andern Stelle verbietet der Talmud, zwei aneinander zu binden, die sich aus irgendeinem Grund nicht haben wollen. –

Wer ist die Braut?

In meiner Sippe gab es bis zu Beginn dieses Jahrhunderts nie eine Liebesehe. Als mein Ur-Urgroßvater Rabbi Elias Gottesmann, seines Scharfsinns wegen »der Napoleon« genannt, mit seinem sechzehnjährigen Sohn Osias zusammen zu dessen Hochzeit fuhr, war der Junge begreiflicherweise sehr neugierig, etwas über seine Braut zu hören, die er noch nie gesehen hatte. Aber auf alle Fragen bekam er von seinem Vater nur die zerstreute Antwort, sie werde ihm schon gefallen.

Als man dann im Festsaal eintraf, vertieften sich die beiden Schwiegerväter sofort in eine scharfsinnige Talmuddebatte. Keiner der beiden kam auf die Idee, daß man das Brautpaar doch wenigstens jetzt noch vor der Trauung miteinander bekannt machen könnte.

Osias schaute sich inzwischen neugierig um. Im Saal standen die Gäste, dem Brauch gemäß nach Geschlechtern streng getrennt, in kleinen Gruppen beisammen und unterhielten sich. Schließlich hielt es Osias nicht mehr aus. Schüchtern zupfte er seinen Vater am Ärmel und flüsterte: »Welche ist es?« – Dieser schaute zerstreut auf, kniff seine kurzsichtigen Augen leicht zusammen, blickte umher und deutete dann mit einer vagen Geste auf ein Rudel kichernder Mädchen in der einen Ecke des Raumes.

Erst unter dem Traubaldachin stellte Osias fest, daß seine Braut jene rosige Schönheit mit den hüftlangen schweren blonden Zöpfen war, bei deren Anblick sein Herz sofort höher geschlagen hatte. Und obwohl ihr die Flechten, dem Brauch gemäß, sofort nach der Trauzeremonie abgeschnitten und das Haupt mit einem perlenbestickten »Stirntuch« bedeckt wurde, schwärmte er noch als ganz alter Mann seinen Urenkeln vom herrlichen Goldhaar seiner Braut vor. Die Ehe wurde vollkommen glücklich.

Die Sippe der Jäckels

Daß die beiden so vollendet zusammenpaßten, lag aber auch daran, daß sie beide aus einer sehr ähnlichen Umwelt kamen. Die Jäckels, denen die Braut entstammte, waren, genau wie die Gottesmanns, seit Menschengedenken reiche Rabbiner und Kaufleute gewesen. Sie konnten ihren Stammbaum bis in die frühe Neuzeit zurückverfolgen. Damals waren sie vor den Verfolgungen in Deutschland ausgewichen, und es war ihnen offenbar geglückt, ihren Besitz mitzubringen. Von Anfang an genossen sie hohes Ansehen. Einer der ersten von ihnen, Jehuda Jäckel, war sogar »Regierer« geworden, das heißt, Sprecher für die Juden am königlichen Hof, und man wußte von ihm, daß er außer Jiddisch, Hebräisch und Aramäisch auch fehlerlos Polnisch sprach und schrieb, was bei den Juden jener Gegend nicht ganz selbstverständlich war. Sie beherrschten die Landessprachen der Nichtjuden manchmal nur fragmentarisch.

Man erzählte von ihm auch, er sei groß, blond und von so wuchtiger Statur gewesen, daß unter seinem Tritt der Gehsteig erbebte. Allerdings will das wenig besagen: Der Gehstreifen auf den Straßen kleiner galizischer Orte bestand früher oft nur aus zwei nebeneinandergelegten Fichtenbrettern. Bei nassem Wetter wippten und quietschten sie auch unter dem Gewicht junger zarter Mädchen und nicht nur kraftvoller Männer.

Obwohl die Jäckels seit ihrer Einwanderung aus Deutschland die ganze Zeit über in jenem Teil Ostgaliziens gelebt hatten, der im siebzehnten Jahrhundert von den Kosakenhorden des Hetmans Chmielnizki besonders hart heimgesucht wurde, kamen sie offenbar unbehelligt davon. Keine Familienchronik berichtet darüber, ob dies auf bloßem Zufall beruhte – die Kosaken nahmen sich die einzelnen Städte ja nicht so systematisch vor wie später im Zweiten Weltkrieg die SS-Leute –, oder ob die Familie sich vielleicht in den Wäldern der Karpaten versteckt hatte.

Dennoch wären die Jäckels einmal beinahe restlos ausgerottet worden. Das war aber schon im neunzehnten Jahrhundert, als das Gebiet bereits zur Donaumonarchie gehörte. Damals gehörte es zu den Aufgaben der jüdischen Gemeindevorsteher, zu denen die Jäckels immer zählten, der österreichischen Armee alljährlich eine Anzahl jüdischer Rekruten zu stellen. Nun gab es jüdische Gemeindeälteste, die hierbei korrupt vorgingen, reichen Familien mit der Rekrutierung ihrer Söhne für den jahrelangen Armeedienst drohten, Bestechungsgelder nahmen und dann schließlich solche jungen Männer auswählten, die mittellos waren, also nichts bezahlen konnten.

Es gibt vom jiddischen Klassiker Isaak Perez, der (1852–1915) im zaristisch besetzten Teil Polens lebte, zu diesem Thema eine erschütternde Novelle, für die man wissen muß, daß nach rabbinischem Recht jeder Jude in der Synagoge Klage erheben darf, wenn er von den Gemeindefunktionären ungerecht behandelt wurde. Einmal nun erheben sich die Väter einer sehr armen Familie zu einer solchen Anklage, weil man ihnen schon zum drittenmal einen Sohn wegrekrutiert hat. Die Oberhäupter der Kultusgemeinde hören schweigend, mit gesenkten Augen, zu, und stimmen dann ohne Antwort die gemeinsamen Gebete an. – Von solchem Mißverhalten war bei den Jäckels nie die Rede. Sie wählten für die Armee einfach die Tunichtgute der Gemeinde aus. Gewöhnlich waren sogar die Familien dieser Rekruten selber froh, ein mißratenes Mitglied der Sippe auf diese Weise anständig loszuwerden.

Es hat sich übrigens ein umwerfend komisches, altes Volkslied aus dem Rotlichtmilieu vom damals zaristischen Wilna erhalten, wo es einen wunderschönen (jüdischen) Zuhälter namens Joschke gab, in den sämtliche (ebenfalls jüdischen) Huren der Stadt verliebt waren. Die Huren jammern wie ein klassischer Chor in einer altgriechischen Tragödie »Aj, aj, aj, der Joschke fort (= fährt) awek!« – Joschke seinerseits lehnt alle kostbaren Geschenke – darunter herrliche Perücken – erbittert ab, weil er zur Armee müsse, meint aber zum Schluß stolz, immerhin werde er vom ganzen Regiment der Schönste sein.

So vernünftig das Auswahlprinzip aber war – einmal ging die Sache für die Jäckels dennoch sehr übel aus. Ein solcher Rekrut stieg an einem Freitagabend, als das feierliche Sabbatmahl im Hause Jäckel bereits aufgetischt, die Familie aber noch nicht im Eßraum versammelt war, durch das Fenster in den ebenerdigen Raum ein und schüttete zur Rache Gift in die Suppe. An diesem Abend hatte man viele Verwandte zum Festmahl eingeladen. Etliche von ihnen starben.

Die Gottesmanns konnten ihren Stammbaum nicht so weit zurückverfolgen. Zu Beginn des neunzehnten Jahrhunderts waren sie aus Rußland in die Donaumonarchie geflohen. Der erste von ihnen kam damals

als blutjunger Rabbiner zusammen mit einem Kollegen, jenem Israel Friedmann, über die Grenze, der später als Wunderrabbi in Sadogóra zu hohem Ansehen gelangte. Die Gottesmanns, die sich in Dolina niederließen, waren zwar nicht minder angesehen, hielten sich aber vom Chassidismus immer fern. Sie waren nüchterne und skeptische Naturen, denen jede mystische Schwärmerei fremd war.

Wie der Großvater die Großmutter fand

Ganz anders als sein Vater Osias heiratete Hersch, sein jüngerer Sohn, mein Großvater. Diesmal verbanden sich nicht zwei talmudgelehrte Sippen, sondern Reichtum auf der einen Seite und rabbinischer Ruhm auf der andern. Man kann nicht sagen, daß die Ehe der Großeltern unglücklich gewesen wäre – man lebte ja damals nicht in der Illusion, das Leben schulde einem ein unerhörtes Liebesglück –, aber sie war doch alles andere als harmonisch.

Als Großvater Hersch achtzehn Jahre alt war, rannten die Landschadchonim, die Ehevermittler, die quer durchs ganze Land die interessantesten Partien vermittelten, seinem Vater schier das Haus ein. Den Namen eines so untadeligen Kandidaten führte ein jeder Schadchen natürlich besonders gern in seiner Liste.

Einen kleinen Makel hatte Hersch übrigens doch: Er war pockennarbig. Als er klein war, kannte man die Pockenimpfung noch nicht. Und auch der Kunstgriff der alten Chinesen, die kleinen Kinder absichtlich mit abgeschwächten Pockenviren zu infizieren, so daß man die Immunität mit nur ganz geringen Narben erkaufte, war in Ostgalizien unbekannt. Großvater war vor der Erkrankung ein auffallend hübsches Kind mit der hellen glatten Haut und den schönen blauen Augen und gleichmäßigen Gesichtszügen der Jäckels gewesen. Als seine Mutter dann sah, wie sehr die Pocken ihn entstellt hatten, weinte sie tagelang.

Indes war er auch pockennarbig mit seinen Grübchen in den Wangen und seinen freundlichen hellen Augen immer noch ein hübscher Mann und eine begehrenswerte Partie. Es galt nur, eine Braut ausfindig zu machen, die sich über seine Pockennarben nicht beklagen würde. Am besten war es, wenn sie ebenfalls pockennarbig war.

Und siehe da – es fand sich das richtige Mädchen. Es war die sechzehnjährige Tochter des Großgrundbesitzers Isaak Semann auf Gut Ostra bei Koropiec, nicht weit vom ostgalizischen Städtchen Buczacz, aus welchem auch der Nobelpreisträger für Literatur Samuel Joseph Agnon und die rabbinischen Vorfahren des polnischen Satirikers Jerzy Lec stammten und von dem aus der Vater Sigmund Freuds nach Wien ausgewandert war, weil er daheim sein Auskommen nicht fand. Zwar pflegte Urgroßvater Isaak Semann zu allen hohen jüdischen Festtagen ganze Wagenladungen mit Getreide für die Armen der jüdischen Gemeinde von Buczacz zu spenden, aber das ganze Jahr über davon leben konnten sie dennoch nicht.

Isaak Semann und seine Frau, eine geborene Lea Erhardt, hatten das Gut Ostra in den sechziger Jahren des neunzehnten Jahrhunderts erworben, also sofort, nachdem den Juden in Altösterreich der Kauf solcher Latifundien überhaupt gestattet wurde. Zuvor hatte das junge Ehepaar die Propination, das staatliche Alkoholmonopol, des Distrikts innegehabt.

Die Initiative zu dem Kauf ging ausschließlich von der jungen Frau aus, die in ihrem ganzen Fühlen, Denken, Handeln und Auftreten nichts von einer frommen Jüdin an sich hatte, sondern so wirkte, als wäre sie auf einem Adelsgut geboren und aufgewachsen. Es war auch ein offenes Geheimnis, daß sie gar nicht die Tochter des alten Erhardt war (ob er zum Zeitpunkt ihrer Geburt überhaupt noch lebte, konnte ich nicht in Erfahrung bringen), sondern eines adeligen Gutsherrn. Und eine Anekdote, die sich lange nach ihrem Tode zutrug, mag als Beispiel dafür angeführt werden, wie wenig sich in Ostgalizien die sozialen Wertmaßstäbe der Juden und der Christen deckten: Nahe bei Ostra lebte ein entfernter Verwandter meines Vaters als kleiner Gutspächter. Manchmal erschien er auf Gut Ostra und erbat sich demütig die eine oder andere landwirtschaftliche Maschine, die man ihm aus Mitleid gern unentgeltlich lieh. Er wußte also über die Familienverhältnisse der Semanns und Erhardts Bescheid.

Als er nun erfuhr, daß mein Vater eine Enkelin jener Lea, der Grafentochter, geheiratet hatte, brach er in Wehklagen über die »Mesalliance« seines Vetters aus. Auf Gut Ostra erfuhr man davon, und man amüsierte sich darüber.

Lea, die Grafentochter

Nicht nur die hohe rotblonde Erscheinung Leas, sondern auch die Anekdoten, die man sich von ihr erzählte, paßten kaum in eine jüdische Familienchronik. Einmal weilte sie zur Kur in Marienbad. Sie war hingefahren, weil sie an Diabetes litt, gegen die es damals noch keine Mittel gab. Auch die Kur in Marienbad konnte da keine Erleichterung schaffen, und auch der berühmte Wiener Medizinprofessor Notnagel, der dann kurz vor ihrem Tod zweimal zu Konsultationen nach Ostra kam und für jeden der Besuche zehntausend Gulden einkassierte, konnte ihr nicht helfen.

Sie war übrigens eine sehr kluge und nüchterne Frau, die nichts von chassidischem Wunderglauben und nicht einmal etwas vom Jenseitsglauben hielt. Sie begriff, daß er vor allem für solche eine Lebenshilfe und Lebensstütze war, die im Leben zu kurz gekommen waren. Dies belegt eine Episode, die in die Wochen kurz vor ihrem Tode fiel:

Der Rabbiner aus dem nahen Buczacz wollte sie trösten, indem er ihr das Paradies weissagte, worauf sie bitter antwortete: »Wozu? Ich habe das Paradies auf Erden!«

Einmal nun, in Marienbad, schlich sich ein Einbrecher nachts in Leas Zimmer ein. Sie wachte auf, blieb aber ruhig liegen und wartete, bis er sich ihrem Bette näherte. Dann schlug sie ihn mit dem schweren messingnen Leuchter von ihrem Nachttisch nieder.

Ein andermal ertappte sie den Dorfpopen von Koropiec dabei, wie er den Landarbeitern klarzumachen suchte, daß man nur den katholischen und nicht den jüdischen Gutsherren den Rocksaum nach altem Brauch zu küssen habe.

An sich war Lea eine kluge und tolerante Frau, und vermutlich legte sie auf diese Geste der Demut, einen Überrest aus der erst knapp zurückliegenden Zeit der Leibeigenschaft, nicht den mindesten Wert. Und hätte der Pope im Namen der Menschenwürde für die allgemeine Abschaffung des Brauches plädiert, so hätte sie ihn dabei wohl noch unterstützt. Was der Pope da aber getrieben hatte, war nicht Sozialreform, sondern Judenhetze. Mit der Reitpeitsche trieb sie ihm die Lust dazu aus, die Bauern noch ein zweites Mal gegen die Gutsherrschaft aufzureizen.

Beide, sie selbst wie auch ihr Mann, gingen mit den Landarbeitern – mit den ansässigen sowohl wie mit den Huzulen, die jeweils im Sommer von den Karpaten ins Land kamen – freundlich und gütig um, zahlten aber keine höheren Löhne als alle Nachbarn. Sie hätten sonst mit den sehr knapp kalkulierten Getreidepreisen der anderen niemals konkurrieren können. –

Lohn der Gutmütigkeit

Isaak Semann war anders als seine energische und sehr kluge Frau. Als Landwirt bewährte er sich trefflich, hatte aber nicht viel Initiative und Überblick. Sooft er selbständig eine Entscheidung fällte, ging es schief aus. Besonders verhängnisvoll wirkte sich sein Verhalten einmal während eines Kuraufenthaltes seiner Frau in Marienbad aus. Ein polnischer Gutsnachbar kam zu ihm und bat ihn, er möchte ihm für die wenigen Tage bis zum Verkauf der Getreideernte sechzigtausend Gulden leihen. Dem Kaufwert nach entspräche das heute dem Zwanzigfachen. Ein kluger Mann hätte natürlich sofort begriffen, daß der Fall nicht so unproblematisch liegen konnte, weil der Graf dann das Geld mühelos von jeder Bank oder auch von polnischen Freunden erhalten, und vor allem: weil er es gar nicht gebraucht hätte. Für wenige Tage hätte ihm doch ein jeder seine Schuld gestundet. Isaak Semann lieh ihm aber das Geld und bekam es natürlich nie zurück. Das Gut des Grafen kam dennoch unter den Hammer ...

Aber viele Jahre später wirkte sich Isaak Semanns unüberlegte Gutmütigkeit dennoch für einen seiner Söhne segensreich aus. Sie hatten nach dem Tode der Eltern Ostra verkauft und saßen nun, verstreut übers Land, als Pächter auf fremden Gütern. Nach einer Mißernte kam einer von ihnen zum Grafen und bat um Stundung der Pachtsumme. Der Graf wollte Schwierigkeiten machen. Im gleichen Raum saß aber eine verhärmte alte Dame, eine Verwandte des Besitzers. Als sie den Namen »Semann« hörte, mischte sie sich ins Gespräch und wollte wissen, ob der junge Mann mit jenem Isaak verwandt sei. Und als sie hörte, daß es sich um seinen Sohn handelte, sagte sie zum Grafen: »Seinerzeit hat Isaak Semann meinem Mann sechzigtausend Gulden geliehen und nie zurückerhalten. Von seinem Sohn kannst du keinen Pachtzins fordern.« –

Ein ungleiches Paar

Zur Zeit, da mein Großvater Hersch aber noch jung und ledig war, saßen die Semanns noch auf Ostra, und ihre jüngste Tochter, die sechzehnjährige pockennarbige Sabine, war ebenfalls noch frei. Im allgemeinen verheiratete Lea ihre Kinder nicht unbedingt nach den üblichen Bräuchen. Das heißt: Sie suchte nicht immer nach einer Verbindung mit einer hochgelehrten Familie. Als sie zum Beispiel einmal in einer einsamen Landschenke rastete, wurde sie von der wunderschönen jungen Tochter der jüdischen Wirtsleute bedient. Das Mädchen gefiel ihr so gut, daß sie es auf der Stelle mitnahm und mit einem ihrer Söhne vermählte.

Für Sabine aber suchte man einen Gatten aus einer berühmten Rabbinerdynastie. Und so wurde sie mit dem pockennarbigen, aber nach wie vor recht präsentablen und hübschen Hersch verlobt, dem Nachkommen jenes Elias, der den Zunamen »der Napoleon« trug.

Diesmal aber schlug der Schadchen vor, aus Rücksicht auf das »weltmännische« Milieu der Semanns sollten sich die Brautleute vor der Hochzeit kennenlernen. Und also wurde Hersch auf Gut Ostra eingeladen.

Die Schwäger umringten ihn freundlich und wunderten sich, wie klein er war. Er maß zwar ein Meter siebzig, die Schwäger waren aber alle baumlange Kerle. Sie liefen in gestickten Russenblusen mit Schrotflinten und Gewehren umher, und man sah ihnen an, daß ihnen die Jagd in Gesellschaft der

Gutsnachbarn mehr Freude machte als die Landwirtschaft. Und vom religiösen Schrifttum, mit dem mein Großvater aufgewachsen war, verstanden sie überhaupt nichts. Der junge schüchterne städtische Hersch imponierte ihnen nicht im geringsten. Er seinerseits wußte nicht, worüber er mit den Brüdern seiner Braut reden sollte. Also fragte er höflich, ob er jetzt die Braut sehen dürfe.

Es erwies sich aber, daß sie unauffindbar war. Endlich fand sich ein Diener, der zu berichten wußte, daß sie sich, als man ihr die Ankunft des Bräutigams gemeldet habe, sofort wie ein wilder Kosak auf ein ungesatteltes Pferd geschwungen habe und mit fliegenden Zöpfen auf und davon geritten sei. Der Diener konnte auch die ungefähre Richtung angeben.

Die Brüder lachten und rieten dem neuen Schwager, der Braut nachzureiten. Auf seinen Einwand, er habe noch nie auf einem Pferderücken gesessen, reagierten sie verwundert. Dann aber meinten sie, das schade nicht weiter, sie besäßen eine lammfromme Stute, der man sogar einen Säugling anvertrauen könne. Sie ließen sie satteln, setzten den Schwager hinauf, stellten die Stute in die gewünschte Richtung und gaben ihr einen aufmunternden Klaps. Gemächlich trollte sie davon ...

Es vergingen keine fünf Minuten, da war Hersch wieder zurück, zu Fuß und ohne Braut. Im ersten Augenblick waren die Schwäger ein wenig erschrocken und wollten wissen, was geschehen sei. Nun, erklärte Hersch, die Stute habe ihren Trab beschleunigt, da habe er Angst bekommen und sich langsam über

ihren Schwanz zu Boden gleiten lassen. Die Schwäger
brüllten vor Lachen und nahmen Hersch von da an
überhaupt nicht mehr ernst ...

Ein unmöglicher Gutsherr

Man kann also nicht behaupten, daß beide Brautleute aus dem gleichen oder auch nur aus ähnlichem
Milieu gestammt hätten. Das wirkte sich ihr ganzes
Leben hindurch entsprechend aus. Sie paßten zuein-
ander nur rein äußerlich aufgrund der Pockennarben. So konnte es geschehen, daß sie bei einem Spaziergang durch den düstern Eichenwald nahe bei
Ostra von einer Zigeunerin ohne weiteres als Bruder
und Schwester angeredet wurden. Sie wollte ihnen
gegen ein kleines Entgelt aus der Hand prophezeien.
Großmutter gab ihr ein paar Kreuzer und fragte:
»Kannst du mir sagen, wo sich im Augenblick mein
Mann befindet?« – Die Hexe inspizierte lange die
Handlinien Sabines und sagte dann mit Grabes-
stimme: »Weit, weit von hier, hinter sieben Bergen,
sitzt er mit einer andern zusammen im Wirts-
haus ...« – Hersch lachte und klärte sie darüber auf,
daß in Wirklichkeit er selber der Ehemann sei. Die
Zigeunerin ließ sich aber nicht aus der Ruhe bringen,
sondern gab verächtlich zur Antwort: »Du hast mich
belogen, da habe auch ich dich belogen ...«
Nach der Hochzeit wohnte das junge Paar noch einige
Jahre auf Ostra. Niemand nahm sich die Mühe, den
jungen Städter in die Landwirtschaft einzuführen.
Dennoch befand die Schwiegermutter eines Tages,

Hersch habe jetzt genug gesehen und gelernt, um selber ein Gut bewirtschaften zu können. Immerhin war sie vorsichtig genug, zunächst nur eines zu pachten und nicht zu kaufen. Erwerben wollte sie es erst, wenn der junge Mann sich als Landwirt bewährte.

Er bewährte sich natürlich überhaupt nicht. Er fand sich in seinen Aufgaben gar nicht zurecht. Wurden Kälbchen zum Schlachten verkauft, so kämpfte Großvater aus Mitleid für die rührenden jungen Tiere mit den Tränen. Wollte er in der Brauerei, die dem Gutsbetrieb angegliedert war, ein wenig zuschauen, dann verbat sich der Brauer ein solches »Ausspitzeln« seiner Berufsgeheimnisse.

Herschs Schwiegervater und die Brüder Sabines hatten jeden Morgen von fünf Uhr an die ausgedehnten Ländereien durchritten und überall nach dem Rechten gesehen. Hersch aber konnte nach wie vor nicht reiten, und hätte er es gekonnt, so hätte es ihm auch nichts genützt, da er ja von Bauerarbeit immer noch nichts verstand. Er war nicht einmal in der Lage, die Abrechnungen seines Verwalters zu kontrollieren.

Kurz, er stand seinen Aufgaben genauso hilflos gegenüber wie ungefähr gleichzeitig weiter östlich der jiddische Klassiker Scholem Alejchem, der sich als Hauslehrer für Hebräisch ebenfalls auf einem großen Gut aufgehalten, in die Tochter des Besitzers verliebt und sie geheiratet hatte. Als Schwager und Schwiegervater starben, verkaufte er daher den Landbesitz und verspekulierte das ganze Geld an den Börsen von Kiew und Odessa. Von da an zog er mit seiner riesengroßen Familie mittellos durch die Welt. Seine

Erfahrungen als Spekulant legte er in dem witzigen Briefroman »Mendele aus Jehupez« nieder.

Großvater verstand zwar von Landwirtschaft genauso wenig wie Scholem Alejchem, hatte aber weder Lust zum Spekulieren noch zum Vagieren. Er hielt einstweilen durch.

Die Schrankenwärtersfrau und die Wölfe

Auf Ostra hatte eine riesige festungsartige Mauer den gewaltigen Schloßpark im Dnjestrknie von den dichten Wäldern ringsum abgetrennt. Großvater hatte diese Mauern gehaßt und ihren Anblick gefürchtet, seit ein alter Bauer, der die Leibeigenschaft noch miterlebt hatte, einmal auf die Mauer weisend schwermütig erklärt hatte: »Das hier ist unser Blut.«

Daß aber eine ähnliche Mauer auf dem Pachtgut fehlte, machte sich besonders im Winter unangenehm bemerkbar. Hungrige Wölfe umstrichen und umheulten die Wohngebäude und die Ställe. Herschs Schwäger auf Ostra waren oft von den Bauern um Hilfe gegen die Wolfsplage im Winter gebeten worden, sie hatten immer bereitwillig ihre Gewehre geschultert und waren mitgegangen. Großvater aber konnte nicht schießen.

Daher kam es zwischen ihm und einem der jüdischen Schrankenwärter des Gutes im Winter mit stereotyper Regelmäßigkeit alle paar Tage zu derselben Szene: Der Mann war mit einer Städterin verheiratet, die sich vor Wölfen fürchtete. Hatte sie die ganze Nacht hindurch wachgelegen und dem unheimlichen Heulen zugehört, so drängte sie gleich bei Morgenanbruch ihren Mann, ins Gutsgebäude zu laufen und die Stellung aufzukündigen, damit man in die Stadt zurückziehen könne.

Der Weg zum Schloß war aber weit, und bis der Mann jeweils zurückkehrte, hatte sich die Frau in der freundlichen Tageshelle beruhigt. Sie gab sich jetzt Rechenschaft, daß man hier doch ein gutes Auskommen hatte, und also schickte sie den Mann sofort noch einmal ins Schloß zurück, um die Kündigung zurückzunehmen. Großvater lachte und ließ sich auf das Manöver, das sich mit der Regelmäßigkeit eines Rituals im Winter fast Tag für Tag abspielte, immer wieder aufs neue ein.

Die vorwurfsvollen Ahnen

Dann aber kam das Schlimmste. Das Gut hatte zuvor einem leichtsinnigen jungen Grafen gehört, der sein ganzes Riesenvermögen in Monte Carlo verspielt hatte. Er war damals auf einer Bahre, todkrank und zerfressen von einer venerischen Krankheit, heimgebracht worden. Seine Verwandten hatten kein Geld, das Stammschloß der Familie zu erstehen oder später zurückzukaufen. Dafür konnte mein Großvater zwar nichts, und das Schloß gehörte ihm ja auch gar nicht. Er saß hier nur als Pächter.

Aber eines Tages kamen einige polnische Adelsherren zu ihm und fragten artig und sehr bedrückt, ob sie nicht die Bilder ihrer Vorfahren in der Ahnenhalle anschauen dürften. Sie hatten sie nicht mitnehmen können, weil die Porträts in einzelnen Nischen direkt auf die Wand aufgemalt waren.

Großvater beeilte sich natürlich, den Herren den Wunsch zu erfüllen, und er begleitete sie selber in die Ahnengalerie. Sie war sehr langgestreckt. Die Herren gingen stumm von Bild zu Bild, und die Tränen rannen ihnen über die Wangen. Zum erstenmal schaute auch Großvater die Porträts genauer an. Sie waren alle so gemalt, daß der Betrachter den Eindruck gewann, die Schlachzizen verfolgten ihn mit ihren Blicken. Großvater hatte das Gefühl, als machten sie ihn für das selbstverschuldete Unglück ihrer Sippe verantwortlich. Und mit einem Mal hielt er das Ganze nicht mehr länger aus.

Die armen Leute von Żółkiew

Er zog dann nach Żółkiew und etablierte sich dort als Bankier und Getreideexporteur. Hier fühlte er sich auch endlich wieder zu Hause.

Um so unglücklicher war hier seine junge Frau. Sie hatte vom Gut zwei herrliche Neufundländer mitgebracht, größer als Kälber. Sie begleiteten Großmutter auf Schritt und Tritt. Es waren ruhige und friedliche Tiere. Dennoch wichen die Städter ihnen ängstlich aus.

Beim Anblick der städtischen Armut befiel Sabine das Entsetzen. Arm waren zwar auch die Landarbeiter gewesen, vor allem die Huzulen, die Bergbauern aus den Karpaten. Männer wie Frauen trugen jahraus jahrein nichts als ein handgewebtes grobes Leinenhemd, das sie der höheren Haltbarkeit zuliebe mit stinkendem Leinöl durchtränkten. Zum Gang in die Kirche zogen die Männer jeweils noch eine Leinenhose dazu an und die Frauen eine teppichartig gewebte und bestickte, dicke, bunte Halbschürze. Außerdem besaßen sie alle noch einen Schafspelz, dessen Fell sie im Winter nach einwärts trugen. Die helle Lederseite war mit roten und blauen Kreuzstichen reizvoll bestickt.

Leichte Schuhe oder Sandalen kannten sie nicht. Im Sommer liefen sie barfuß herum, für den Winter hatte jede Familie ein einziges Paar sehr großer Stiefel, die jeweils derjenige anzog, der das Haus verlassen wollte. Wem sie zu groß waren, der stopfte sie mit Lumpen aus. Strümpfe kannten die Bergbauern ohnehin keine.

Auf den Gütern unten lebten sie in Baracken und nährten sich denkbar einfach von Mais in Form von Brei und Kolben, von Kartoffeln, Kohl, ein wenig Speck. Dazu kamen noch Quark und Sauermilch in großen Schüsseln. Und manchmal drückten sie sich von der Arbeit und suchten in Wald und Feld nach Kräutern, Sauerampfer, Beeren und Steinpilzen. Es war zwar verboten, am Werktag einfach fortzubleiben. Aber man konnte die vielen Hunderte von Landarbeitern nie so genau überwachen. Sie waren arm, aber sie litten nicht eigentliche Not. Sie hungerten und froren nicht.

In der Stadt war das anders. Der größere Teil der zehntausend Einwohner von Żółkiew war jüdisch. Und die meisten dieser Juden hatten einen winzigen Laden mit einem lächerlich kleinen Warenbestand:

ein paar Brezeln, etlichen Flaschen Sodawasser – genannt »Kracher« –, ein paar klebrigen Süßigkeiten, einem Faß Heringe. Als meine Mutter einmal einer solchen jüdischen Händlerin eine ganze Schachtel voll Waffeln abgekauft hatte, kam die Frau nach einer halben Stunde verlegen in unser Haus und erbat sich die Waffeln zurück: Sie habe keine andern, der Vertreter aus Lemberg sei erst in einem Monat zu erwarten, und wenn sie die Schachtel nicht zurückkaufe, müsse sie den Laden schließen.

Zwar war die Not der Juden hier bei weitem nicht so drückend wie im nahen Zarenreich, und wer an ihren Anblick gewöhnt war, achtete gar nicht mehr auf sie. Auf Großmutter aber wirkte die städtische Armut tief deprimierend. In den kleinen Läden saßen meist Frauen, abgehärmte, magere Jüdinnen, die stolz darauf waren, daß ihre Männer ungestört im Bet- und Lehrhaus ihren talmudischen Studien nachgehen konnten, während sie die Familie ernährten. Es gab aber ihrer viel zu viele. Der Bauer war seiner eigenen Armut wegen ein schlechter Kunde, der polnische Adel kaufte natürlich nicht in diesen jämmerlichen Lädchen, sondern nur in einigen wenigen großen Geschäften ein, und die Juden selber konnten sich untereinander nicht ernähren.

Die wohltätige Kuh

In einem solchen Städtchen mag wohl jener alte bittere Judenwitz von den beiden Viehhändlern aufgekommen sein, die sich dauernd ein und dieselbe

Kuh mit einem winzigen Aufpreis hin- und herverkaufen. Dann aber nehmen sie einen dritten als Kompagnon auf, dieser ersteht die Kuh, abermals mit einem minimalen Aufschlag, und kommt in Kürze mit der triumphierenden Botschaft zurück: »Ich habe die Kuh sehr günstig an einen Bauern verkauft!« – Darauf die Kompagnons, sich die Haare raufend: »Unglücklicher! Du hast uns alle drei um unsern Broterwerb gebracht!«

Die »feministischen« Familiennamen der Ostjuden

Im Zusammenhang mit den vielen sehr armen Ostjüdinnen, die nicht nur ihre meist zahlreichen Kinder betreuen, sondern außerdem noch für den Broterwerb der Familie aufkommen mußten, sei hier ein Kuriosum berichtet, zu dem man im abendländischen Umfeld keine Parallele finden wird: die vielen feministisch angefärbten Nachnamen. Das kam so:
Daß viele Frauen allein für den Broterwerb der Familie aufkommen mußten, ergab sich zwangsläufig daraus, daß gutbürgerliche Knaben kein Handwerk erlernten, sondern zu reinen Religionsgelehrten herangebildet wurden. Etliche konnten nachher Rabbiner werden. Andere fanden ihr Auskommen als Faktoten und Verwalter auf Adelsdomänen. Wanderten sie aus – sei es nach Mitteleuropa oder nach den USA –, dann schafften sie dank ihrer brillanten intellektuellen Schulung sehr oft den sozialen Aufstieg in überraschend kurzer Zeit. Aber im wirtschaftlich re-

tardierten Osteuropa waren die Möglichkeiten hierfür sehr begrenzt. So brüteten allzu viele von ihnen einfach weiterhin über ihren Talmudfolianten, führten also das Leben von Privatgelehrten ohne Einkommen. Die chassidisch Entflammten unter ihnen verschwanden alljährlich für viele Monate an den »Hof«, die Residenz ihres »Wunderrabbis«, und kamen nur hie und da wieder heim, um ihre Frauen neu zu schwängern. Die nüchternen Talmudgelehrten hingegen blieben zwar daheim, rührten aber auch hier keinen Finger und vertieften sich weiterhin in interessante Religionsprobleme. Die Frau mußte dann außer für die jährlich anwachsende Kinderschar auch das ganze Jahr über für den Ehemann aufkommen. Dessen Absinken zum weltfremden Nutznießer schlägt sich natürlich auch in einem brillanten jüdischen Witz nieder, wie dieser ja überhaupt mit seiner Kritik keinen einzigen Mißstand verschont:

Freitag, also »Rüsttag« (wie er im Neuen Testament heißt) zum Sabbat. Die Ehefrau betritt respektvoll das Studierstübchen des Ehemannes und bittet, er möge sich für eine Stunde in den Laden setzen, damit sie inzwischen das Sabbatmahl vorbereiten könne. Er zieht mit seinem Folianten brav hinüber.

Als sie wiederkommt, sieht sie: Zwei Kosaken räumen putzmunter die Stoffregale aus – der Mann schaut nicht einmal auf!

Die Frau vertreibt die Kosaken zornig und schreit ihren Mann an: »Du Schlemihl! Wieso hast du nicht eingegriffen?«

Darauf der Mann, verwundert: »Warum sollte ich? Wenn Rabbiner plötzlich anfangen wollten zu stehlen und zu rauben, dann müßte man natürlich Gewalt schreien! Daß jedoch Kosaken stehlen – das ist doch ganz normal!«

Natürlich schlugen sich diese Sozialzustände auch in der Benennung der kleinen Läden und Betriebe nieder, die allein von den Frauen geführt wurden. Solange die Juden nur ausnahmsweise Familiennamen hatten, kannte der christliche Kunde meist nur den Vornamen der Frau und benannte nach diesem auch den Laden. Und als dann in der Donaumonarchie alle Juden Nachnamen annehmen mußten, ergab es sich ganz von selbst, daß sie hierfür oft den Genitiv des betreffenden Frauennamens wählten: Der berühmte Pianist Serkin heißt so nach einer Vorfahrin Sarchen, Koseform von Sara. Der Name Zipkes leitet sich von der Koseform Zipke von Zippora her. Juden gaben sich im deutschen Sprachraum auch häufig Tier- und Pflanzennamen. Von einer Frau namens Taube leitet sich der Nachname Taubes ab, und Rifkes von Riwka, in deutschen Bibeltexten Rebekka.

Andere jüdische Familiennamen gehen auf den Beruf einer Frau zurück: So Bubis und Buber. Die Bube ist auf jiddisch die Hebamme ...

Ein bißchen glich die Situation dieser armen Frauen, die für ihre ganze Familie aufkommen mußten, den »Trümmerfrauen« in Deutschland nach dem Ende des Zweiten Weltkriegs: Auch sie waren gezwungen, viele männliche Berufe auszuüben, weil eben die Männer fehlten. Diese brüteten allerdings nicht über Talmudfolianten, sondern waren in Gefangenschaft oder an der Front gefallen.

Der talmudgelehrte Bauexperte

Wir sagten es schon: Dieselbe Talmudschulung, die im wirtschaftlich retardierten Osteuropa oft nur eine unglaubliche Weltfremdheit erzeugte, erwies sich unter günstigeren Voraussetzungen auch als Sprungbrett zum raschen sozialen Aufstieg. Hierzu anstelle von Millionen möglichen Beispielen nur ein einziges aus meiner eigenen Familie:

Mein Vater, gleichfalls Sproß rabbinischer Vorfahren, genau wie mein Großvater mütterlicherseits, hatte bis zu seinem zwanzigsten Lebensjahr nur den Talmud und das spätere rabbinische Schrifttum studiert und war dann Kaufmann geworden. In St. Gallen erstand er nun eine verträumte Jugendstilvilla, in der ich heute noch wohne. Sie hatte zuvor einem ruinierten Stickereifabrikanten gehört, der sie aus Geldmangel jahrzehntelang hatte total vergammeln lassen. Das war auf den ersten Blick ersichtlich. Nicht sofort erkennbar bei unsern Besichtigungen an sonnigen Tagen war hingegen, daß bei Regenwetter das Wasser im Keller bis zu einem Meter Höhe anstieg. Dies wurde uns auch vom Verkäufer, dem Schwiegersohn des verstorbenen Fabrikanten, einem Arzt mit tadellosem Leumund, verschwiegen. Und er hatte für das Haus einen Preis gefordert, der auch ohne solchen Wasserschaden eher überhöht war.

Vater ließ zunächst Architekten und andere Fachleute kommen – sie kannten alle das Haus und seine Probleme seit Jahrzehnten und erklärten, das käme vom »Bergdruck« (das Gebäude ist an einen Steilhang angebaut) und sei folglich unbehebbar.

Vater verbrachte eine schlaflose Nacht – doch obwohl er von Baufragen nichts verstand, ließ er am andern Morgen den »Fachmann« noch einmal kommen, explizierte ihm die Gründe, aus denen heraus es sich auf keinen Fall um Bergdruck handeln konnte, und veranlaßte ihn, zum Beweis seiner Behauptung mit dem Gartenschlauch Wasser aufs Dach hinaufzuspritzen.

Der »Fachmann« lachte ihn aus, tat es aber – und siehe da: trotz total trockenem Wetter füllte sich der Keller sofort mit Wasser! Daraufhin ließ Vater rund um die Wasserröhre, die vom Dach in den Boden unmittelbar neben der Hausmauer führte, nachgraben – und es zeigte sich: Die Röhre führte nicht bis zur nächsten Abflußstelle im Garten, sondern endete unmittelbar neben der Hauswand! Sie leitete also das ganze Regenwasser direkt in den Keller hinein!

Als mein Vater bei einer zufälligen Begegnung in der Stadt dem Verkäufer davon erzählte, versank dieser nicht etwa aus Scham über sein Fehlverhalten in den Boden, sondern wurde blaß vor Wut: Wenn er das geahnt hätte, hätte er den Hauspreis noch weit unverschämter hochgeschraubt!

Doch das ist hier für uns unwichtig. Uns interessiert nur, in welchem Ausmaß eine solide jüdisch-theologische Gehirnschulung sogar jahrelanges Fachstudium nicht nur ersetzen, sondern sogar in den Schatten stellen kann!

Doch zurück nach Żółkiew.

In den Häusern
der Armen

Diese Frauen mit ihren vielen Kindern verhunger-
ten zwar nicht gerade, aber man sah ihnen doch
an, daß sie nie richtig satt wurden und daß die stän-
dige Sorge um die nächste Mahlzeit für die Familie –
und mochte es nur etwas Brot mit Knoblauch und
Zwiebeln oder ein Teller Bohnensuppe sein –, sie
dauernd tief bedrückte. Ihre Gesichter, Blicke und
Gebärden waren von der Not geprägt.
Dazu kam noch die furchtbare Enge ihrer Behausung
am jüdischen Ring. Zwar hatte König Jan Sobieski
die Häuser für seine Juden mit herrlichen hohen Ar-
kaden und Räumen bauen lassen, aber mittlerweile
wohnten hier am jüdischen Ring viel zu viele Menschen. Die meisten Familien begnügten sich mit
einem einzigen Zimmer, in welchem der Vater zugleich sein Gewerbe betrieb. In manchen dieser rie-
senhohen Räume reichte aber der Platz zum Schlafen nicht für alle aus. Da und dort waren daher den
Wänden entlang Galerien für die Betten eingebaut,
die man über eine Leiter erreichen konnte. Meist
aber mußte ein Teil der Familie trotzdem auf dem
Boden unten schlafen ...
In ihren Kindheitserinnerungen schildert Bella Chagall, die Frau des berühmten Malers, die Wohnung in
Witebsk, in der sie aufgewachsen ist. Das war ein

langgezogener Keller unter dem Uhrenlädchen ihrer Eltern. Ganz vorn, wo es noch Fenster gab, wurde gegessen. Im fensterlosen hintern Teil standen in einer langen Reihe die Betten der Familie und des Ladenpersonals.

Das hinderte Bella Chagall bis zu ihrem Lebensende nicht an der Überzeugung, ihre Eltern seien wohlhabende Leute gewesen. Dazu gehört allerdings viel Naivität. Denn wenn man früher auch ganz allgemein, und speziell im wirtschaftlich rückständigen Osteuropa sogar noch bis zum Ersten Weltkrieg, oft mit wenig Wohnraum auskam, so begriffen doch die meisten, daß ein Kellerloch nicht unbedingt das Symbol des Reichtums ist. Und auch daran hätte Bella die Wahrheit erkennen müssen, daß ihr Vater – wie sie selber berichtet – jeden Morgen aufgeregt herumlief, um sich von den Nachbarn die paar Gulden für seine fälligen kleinen Wechsel zu borgen...

Mittlerweile haben die Psychoanalytiker Amerikas die Modethese aufgebracht, erwachsene Kinder sollten sehr schnell ihr Elternhaus verlassen, weil sonst alle Parteien zwangsläufig Haß oder krankhafte Bindungen und Neurosen aller Art entwickeln müßten. Die Theorie hat auch schon auf die Wohlstandsgebiete Europas übergegriffen: Brauchte früher eine Familie mit sechs erwachsenen ledigen Töchtern oder Söhnen eine einzige Wohnung, so braucht sie heute sieben. Und dies, obwohl sich mittlerweile herausgestellt hat, daß die Vereinzelung dem Menschen meist noch weit weniger bekommt als die Zwangseinbettung in den Familienclan, weshalb heute viele versuchen, die echte Familie durch die künstliche, durch die Kommune, zu ersetzen... Wie sagt doch der Berliner Volksmund so schön? Rin in die Kartoffeln, raus aus die Kartoffeln!

In einzelnen Fällen führte die Überenge aber doch zu bestimmten Problemen und Komplikationen. Żółkiew liegt im gleichen slawischen Osten wie die Stadt Witebsk, in der Bella Chagall heranwuchs. Zwar wohnten meine Großeltern selber nicht in einem Kellerloch, sondern in einer Villa mit Garten. Daß aber die meisten anderen, Juden wie Polen, in bedrückender Enge beisammensaßen, sahen wir täglich.

Und doch wohnten die Ruthenen am Stadtrand draußen noch bescheidener als auch der ärmste Jude. Denn die Juden hatten immerhin noch Betten, wenn auch manchmal zu wenige für all die vielen Kinder. Ein Teil von ihnen mußte mit einem Strohsack auf einer Bank, auf einer Truhe, auf einem großen Holzkoffer oder auf dem Boden vorliebnehmen.

Julkas Untermieter

Bei den Ruthenen am Stadtrand war aber von Betten nie die Rede. Sie hausten in kleinen Lehmhütten mit einem einzigen Raum, der im Winter auch die Ziege und die Hühner beherbergen und wärmen mußte. In einer Ecke stand immer ein sehr großer, breiter, ziemlich niedriger Lehmofen. Auf ihm oben durften die Großeltern schlafen, denn dort war es im Winter am wärmsten. Der Rest der Familie verteilte sich auf die Bänke rund um den Ofen und auf den Lehmboden. Man lag auf einem Strohsack und deckte sich mit dem Schafspelz zu, den man tagsüber trug.

Von einer solchen Hütte am Stadtrand von Żółkiew möchte ich hier erzählen. In ihr wohnte Julka, die bei den Großeltern an Waschtagen den beiden Hausmädchen bei der Arbeit half. Bei Julka herrschte ein gewisser »Wohlstand«. Zwar teilte sich die Familie auch hier im Winter den einzigen Wohnraum mit den Hühnern und der Ziege. Aber Hilko, Julkas Mann, arbeitete als Wärter im Spital und hatte folglich ein festes Einkommen.

Man hatte ihn der Abteilung der Geschlechtskranken zugeteilt, wo zumeist die blutjungen Prostituierten aus dem Soldatenbordell an abscheulichen Geschwüren dahinsiechten. Hilko, ein empfindsamer Bursche, klagte, er halte diesen jämmerlichen Anblick nicht länger aus. Julka aber hatte für sein Leid kein Verständnis. Welcher Broterwerb blieb ihm denn übrig, wenn er das Spital aufgab? Er hatte ja nichts gelernt. Wassertragen? Holzhacken? All das war schlecht bezahlt, und zudem gab es bereits viel zu viele, die dafür zur Verfügung standen. Man gab doch nicht freiwillig eine so gute Stelle auf! Also blieb der arme Hilko und starb nach wenigen Jahren buchstäblich am Ekel.

In der Zeit aber, da er im Spital gearbeitet hatte, hatte sein Einkommen doch die Anschaffung eines Bettes ermöglicht. Natürlich hätte ein normales Bettmodell in dem winzigen Raum tagsüber niemals Platz gefunden. Die Bettenproduzenten Galiziens trugen den dortigen Wohnverhältnissen aber Rechnung: Es gab Ziehharmonikamodelle mit X-förmigen, auseinanderziehbaren Füßen, die man tagsüber ganz schmal zusammenschieben konnte. Nachts fand auf einem solchen Bett, das oben mit einer Leinenfläche bespannt war, eine ganze Familie mühelos Platz. Ein solches Bett also hatte auch Julka erworben ...

Für das Nachfolgende muß man wissen, daß in Altösterreich nur die gewöhnlichen Soldaten in der Kaserne schlafen mußten. Vom Korporal an aufwärts durfte man auswärts wohnen. Allerdings war der Sold so gering und die allgemeine Armut so groß, daß nur die reichen adligen Offiziere von dem Privileg Gebrauch machten. –

Eines Tages aber, noch zu Lebzeiten des armen Hilko, verkündete Julka stolz, sie habe jetzt einen Untermieter, den Korporal Kohut. Meine Großmutter wunderte sich, denn sie kannte ja Julkas Hütte. »Wo willst ihn denn in eurem Stübchen unterbringen?« fragte sie neugierig. – »Das ist sehr einfach«, gab Julka zu verstehen, »unser Bett ist beliebig dehnbar.«

Etwa nach einem Jahr kam Julka mit einem hübschen Säugling auf dem Arm zu uns zur Hausarbeit. Großmutter bewunderte und lobte das reizende Kind – dann aber stutzte sie plötzlich und rief erstaunt aus: »Aber Julka! Das ist doch das Ebenbild des Kohut!« – Julka schaute das Kind sehr lange an. Dann murmelte sie, nicht minder verwundert als Großmutter: »Ja – in der Tat! Genau der Kohut!«

Die Armee, der das Kind seine Entstehung verdankte, wurde ihm später zum Schicksal: 1915, bald nach dem Abzug der Russen, wurde der Junge zur Truppe eingezogen. Schon wenige Monate später kam er ohne Beine zurück. Julka schob ihn von da an täglich auf einem kleinen niedern Karren zum Tor einer der schönen großen Kirchen von Żółkiew. Dort saß er am Boden und bettelte um Almosen. –

Vaterlose Kinder

Seiner illegalen Geburt zum Trotz hatte der Knabe des Kohut bei seiner Mutter Julka eine sorglose Kindheit verleben dürfen. Das aber verdankte er nur der Tatsache, daß er, nach außen hin, als »ehelich« gelten und auftreten konnte. Den Kindern lediger Mütter dagegen ging es meist sehr schlecht. Bei den Polen, die in Ostgalizien eine schmale Oberschicht bildeten, gab es praktisch keine illegalen Geburten, und bei den frommen Juden, die ihre Töchter streng erzogen und früh verheirateten, natürlich erst recht nicht. Anders lagen die Dinge bei den Ruthenen. Dort kam es oft vor, daß ein Bursche, der noch nicht heiraten konnte, weil er den zweijährigen Militärdienst noch nicht absolviert hatte, mit seinem Mädchen vorher ein Verhältnis anfing und sie ein Kind bekam. Denn von Empfängnisverhütung verstanden die Bauernmädchen überhaupt nichts.

Obwohl man meist den Vater des Kindes kannte und auch wußte, daß er später das Mädchen heiraten würde, waren doch die wenigsten Bauern bereit, die schwangere Tochter im Hause zu dulden. Sie warfen sie einfach hinaus. Die armen Mädchen suchten dann zunächst eine Stelle als Dienstmädchen und nach der Geburt des Kindes als Amme. Meist hatten sie – und haben vermutlich dort noch heute – so viel Milch, daß sie ohne weiteres ihr eigenes Kind mit dem der Herrschaft zusammen hätten ernähren können, und die alten deutschen Ausdrücke »Milchschwester« und »Milchbruder« deuten ja auch darauf hin, daß das mindestens in Mitteleuropa so üblich war. Nicht aber in Ostgalizien. Die Mädchen waren gezwungen, ihre eigenen Säuglinge wegzugeben ...

Polka, die Engelmacherin

An Wäschetagen half bei den Großeltern nicht nur Julka aus, sondern noch eine zweite Frau namens Polka, die ebenfalls in einem kleinen Haus irgendwo am Stadtrand hauste. Einmal ging die kleine Regine, meine Mutter, dorthin, um die Frau für den nächsten Tag zu uns zu bestellen. Regine klopfte an – niemand gab Antwort. Sie ging rund ums Haus herum – da standen hinten im Hof lauter kleine Särge aus rohem Fichtenholz in einer dichten Reihe nebeneinander. Regine wunderte sich. Sie hatte nicht gewußt, daß der Mann der Wäscherin Sargtischler sei.

Sie ging noch einmal ums Haus herum und versuchte schließlich, die Türklinke niederzudrücken – und siehe da, das Haus war nicht abgeschlossen. Regine betrat den Raum, aus dem ein jämmerliches schwächliches Kinderweinen hörbar war. Er enthielt kaum Möbel. Aber der Wand entlang stand da eine lange Holzbank, und auf ihr lagen, dicht nebeneinander aufgereiht, in schmutzige Lumpen verpackte

Säuglinge. Jeder von ihnen hatte einen Stoffschnuller im Mund, an dem er verzweifelt und erfolglos sog. Offenbar enthielt das Lümpchen eine dichte Grießmasse fast ohne Flüssigkeit. Die Gesichtchen der armen Geschöpfe waren blaurot vor Qual und Anstrengung...

Die kleine Regine begriff mit einem Mal: Die kleinen Särge im Hof waren für diese Säuglinge bestimmt, die alle zum Tode verurteilt waren. Langsam und unter schrecklichen Qualen würden sie hier zugrunde gehen. Die Wäscherin war also im Nebenberuf eine sogenannte »Engelmacherin«.

Im heutigen Sprachgebrauch findet man das Wort oft in einer falschen Bedeutung verwendet: Viele glauben heute, Engelmacherinnen seien Abtreiberinnen gewesen. Davon war nie die Rede. Auf die Idee, ein Embryo im zweiten oder dritten Monat könnte bereits eine Seele haben und folglich als Engelchen ins Paradies aufsteigen, wäre kein Mensch gekommen. Zu »Engeln« – nämlich zu Toten – verwandelten die Abtreiberinnen höchstens die armen schwangeren Mädchen. Unter einer »Engelmacherin« verstand man damals ausschließlich Weiber, die durch entsprechende Mißhandlungen auf mehr oder weniger legalem Weg unerwünschte Säuglinge liquidierten...

Meine Mutter konnte sich vor Grauen lange nicht vom Fleck rühren. Endlich ging sie heim. Von da an weigerte sie sich aber, jener Wäscherin je wieder eine Botschaft zu überbringen, obwohl sie sonst solche Aufträge, die mit einem Spaziergang quer durch die ganze hübsche Stadt mit ihren großen Parkanlagen auf dem Wall verbunden waren, gerne annahm. Sie erzählte aber außer mir nie jemandem von dem, was sie in jenem Haus gesehen hatte.

Der »väterliche« Pope

In Żółkiew also hatten illegale Säuglinge nur wenig Chancen, zu überleben. In der Umgebung von Rohatyn aber, wo mein Vater aufwuchs, war es eine Zeitlang anders, obwohl die Landbevölkerung dort an sich die gleichen Sitten hatte wie in der Gegend von Żółkiew. Und das kam so:

In einem Dorf unweit des Städtchens wohnte ein Pope, der aus irgendeinem Grund nicht verheiratet war. Es ist mir nicht gelungen, zu erfahren, ob er vielleicht einem Orden angehörte, der ihm das Zölibat auferlegte, oder ob er freiwillig auf die Ehe verzichtet hatte.

Er war ein ungewöhnlich gutmütiger Mann. Als meine Mutter während ihrer Schwangerschaft einmal unbezwingliche Lust auf Sauergurken spürte und der Pope erfuhr, daß ihr eigener Vorrat bereits aufgebraucht sei, schickte er ihr einen riesigen Krug von seinen eigenen Gurken herüber.

Mit den Popen der Stadt und der Umgebung stand Mutter überhaupt sehr gut. Ein anderer von ihnen schickte bei Kriegsausbruch seine Magd zu meiner Mutter und ließ ihr ausrichten, in den nächsten paar Kriegsmonaten – damit, daß der Krieg Jahre dauern könnte, rechnete kein Mensch – könnten Lebensmittel knapp werden; Mutter brauche sich aber keine

Sorgen zu machen, er werde sie aus seinem großen Obst- und Gemüsegarten verproviantieren. Und dabei war er selber verheiratet und hatte viele Kinder zu ernähren.

Jener andere Pope aber war, wie gesagt, ledig. Mit dem Zölibat nahm er es jedoch nicht sehr genau. Hie und da ließ er sich mit einem der netten jungen Bauernmädchen auf ein kurzes Verhältnis ein. Niemand stieß sich daran.

Einmal aber wurde ein Mädchen schwanger. Ob wirklich vom Popen oder von einem Bauernburschen, wußte sie vielleicht selber nicht ganz genau. Als aber ihr Vater es merkte und sie verprügeln wollte, redete sie sich flink darauf hinaus, sie könne nichts dafür, es sei der Pope gewesen.

Der Bauer, respektvoll, ließ von Stund an die Tochter in Ruhe und war auch bereit, das Kind in seinem Hause aufzuziehen.

Bald hatte es sich im Dorf herumgesprochen, daß ein schwangeres Mädchen daheim keine Prügel bekam, wenn es behauptete, der Pope sei der Vater des Kindes. Und so begannen die Mädchen allmählich, bei jeder Schwangerschaft die Schuld dem Popen zuzuschreiben.

Von da an hatten es die ledigen Mütter und ihre Kinder in der Umgebung von Rohatyn gut. Und dem Popen war es egal. Er war ein zerstreuter Mann. Vielleicht wußte er selber nicht genau, mit welchen der Mädchen er sich wirklich eingelassen hatte. Ob sie daneben noch andere Liebhaber gehabt hatten, war ihm erst recht gleichgültig. Vielleicht ahnte er auch, daß manche der Mädchen ihn zu Unrecht beschuldigten, und schwieg aus Mitleid. Sooft eine ledige junge Mutter zu ihm kam und ihn als den Vater bezeichnete, lächelte er gutmütig und gab ihr ein wenig Geld.

Wie lachten wir in unserer Familie, als eines Tages ein ehrbarer Bauer zu uns kam und sich über seinen »ungeratenen« Sohn bei uns beklagte. Man stelle sich vor: Der Junge hatte die Nachbarstochter geschwängert, er, der Vater, habe ihn darauf verprügeln wollen, da habe der unverschämte Bengel trotzig gesagt: »Wieso darf der Pope am laufenden Band Dorfmädchen entjungfern und ich nicht?« – »Ich habe ihn«, fuhr der Bauer fort, »natürlich erst recht verprügelt. Wie kann der Bengel es wagen, sich mit einem Popen zu vergleichen!« –

Der freundliche Pope nahm ein trauriges Ende. Ein naives Sprichwort meint zwar, daß jedes Unrecht sich räche. In Wirklichkeit rächen sich oft gerade Wohltaten und Gefälligkeiten. Das bekam auch der arme Pope zu spüren.

Die Mädchen hatten sich allmählich angewöhnt, ihn mit dem Hinweis auf seine wirkliche oder erfundene Vaterschaft immer wieder um Geld zu bitten, und hatten auch immer welches von ihm bekommen. Eines Tages lag er aber todkrank da und hatte keinen Heller im Hause. Vielleicht hatte er kurz zuvor alles, was er besaß, einem Mädchen weggegeben. Mit leeren Händen vom Popen abzuziehen, waren die jungen Mütter aber nicht gewöhnt. Also nahmen sie sich aus seinem Hausrat das eine oder andere, was ihnen gefiel und paßte. Der Pope konnte oder wollte sich nicht dagegen wehren. Anfangs begnügten sie sich mit kleineren Gegenständen. Schließlich, als er so schwach war, daß er sich kaum mehr rühren konnte, kamen sie mit Handkarren und luden seine Möbel auf. Zuletzt lag der Unglückliche auf dem nackten Boden. Man fand seine Leiche schließlich ohne eine einzige Decke, ohne ein einziges Kissen. Die Mädchen hatten sein Haus ratzekahl geplündert.

Die Welt der
Außenseiter

Verachtung tut weh, wenn sie einseitig, nur in einer einzigen Richtung verläuft. Dann brechen bei dem Verachteten Zorn, Haß, Neid und Gier nach Revolte und Rache hervor. Anders liegen die Dinge, wenn in einem Lande verschiedene Religions- und Volksgruppen sich gegenseitig ein wenig verachten. Die Ruthenen, oft Analphabeten und sehr arme Bauern, hatten natürlich zuwenig Selbstgefühl, um auf die polnischen Herren und die talmudgebildeten Juden herabzuschauen. Sie duldeten demütig oder empfanden einen dumpfen Haß, der sich aber in friedlichen Zeiten nicht artikulierte.

Was aber die Polen und Juden im Lande anging, so schauten sie durchaus gegenseitig ein wenig aufeinander herab. Dabei war es verständlich, daß der adelige Pole sich den meist armen Juden überlegen fühlte. Zwar glänzte der polnische Adel weder durch ungewöhnliche Bildung noch durch besondere Tüchtigkeit. Aber feudaler Lebensstil und ritterliche Vergangenheit sind durchaus geeignet, das Selbstgefühl zu heben.

Nicht minder ungebrochen war aber auch das Selbstgefühl der Juden, wie arm sie auch sein mochten. Selbstverachtung und Selbsthaß, wie sie sich bei Verachteten, Verfolgten und Unterdrückten manchmal als perverse Antwort auf den Haß der andern herausbilden und wie man sie bei den Juden Deutschlands ziemlich häufig antraf (Karl Marx, der als getaufter Jude alle antisemitischen Klischees übernahm, ist ein Musterbeispiel für diese Haltung), gab es bei den traditionsgebundenen Juden Osteuropas überhaupt nicht. Erst in der allerletzten Zeit keimte bei einzelnen polnischen Juden, die sich unbedingt an die antisemitische polnische Umwelt assimilieren und in ihr aufgehen wollten, diese Art von Selbstverneinung. Die andern hatten einen ungebrochenen Stolz. Jener Vetter meines Vaters, der den Grafen im Stammbaum einer jüdischen Braut als Schande empfand, war da keine Ausnahme. Und er hätte genauso reagiert, wenn Urgroßmutter nicht die Frucht eines gräflichen Seitensprunges, sondern einer legalen aristokratischen Verbindung gewesen wäre. Aber nicht nur ehrbare und angesehene Juden empfanden so, sondern sogar die jüdische Unterwelt. Hierfür ein Beispiel aus Żółkiew.

Bordellwelt

Es war eine Garnisonsstadt, und es gab hier, genau wie in allen ähnlichen Orten, ein Bordell für Soldaten und Offiziere. Die Bordellwirtin war eine Jüdin. Das war keine Ausnahme. In ganz Polen – also auch im zaristischen Teil des Landes – lag das Bordellgewerbe restlos in jüdischen Händen. Die Puffbesitzer, die Zuhälter, die Mädchenhändler, welche neue »Ware« aus der Provinz herbeischafften und Dirnen in exotische Länder exportierten, waren alle Juden. Und auch die Dirnen selbst waren fast immer Jüdinnen.

Der jiddische Schriftsteller Scholem Asch hat diese jüdische Unterwelt farbig und mit Sachkenntnis geschildert. In seinem Drama »Gott der Rache«, das in den zwanziger Jahren ein ähnlicher Welterfolg war wie heute das ebenfalls nach Motiven aus der jiddischen Literatur geschaffene Musical »Anatewka«, erzählt er eine Geschichte aus der Bordellwelt von Warschau. Der Inhalt: Ein reich gewordener Bordellbesitzer hat seine Tochter brav und keusch erzogen und möchte sie nun mit einem ehrbaren Mann verheiraten. Um in anständigen Kreisen anerkannt zu werden, spendet er sogar eine Torarolle für die Synagoge. Diese Torarollen enthalten, auf Pergament von Hand geschrieben, die fünf Bücher Mose. Aus ihnen wird an jedem Sabbatmorgen ein genau festgelegtes Stück des Textes im Jahreszyklus vorgelesen. Da Torarollen sehr teuer sind, werden Schenkung und Spender jeweils mit einem kleinen Imbiß in der Synagoge dankbar und fröhlich gefeiert.

Die Tochter aber, der zuliebe der primitive Mann all diese Kosten und Mühen auf sich genommen hat, gerät in die Hände eines Zuhälters, der zuvor das Etablissement ihres Vaters beliefert hat und sich jetzt selbständig machen will. Sie wird also Dirne in einem Konkurrenzunternehmen. Nun – nicht immer traf die Rache Gottes die Bordellchefs in ähnlich gerechter Form. Ihre Töchter erzogen sie alle streng und keusch, und meist gelang es ihnen auch, den jungen Mädchen mit Hilfe einer hohen Mitgift einen relativ ehrbaren Mann zu erkaufen. Natürlich hätte sich niemals ein respektabler Religionsgelehrter auf eine Heirat in ein solches Milieu eingelassen. Das konnte er schon deshalb nicht, weil der Talmud jeden Profit aus Hurenlohn verbietet. Aber irgendein gewöhnlicher Mann, ein Metzger vielleicht oder ein Fuhrhalter, nahm einer hohen Mitgift zuliebe den Makel im Gewerbe der Eltern gern in Kauf. Gottes Strafe traf im allgemeinen nur die armen Dirnen, die fast immer sehr jung zugrunde gingen, und nicht jene, die von dem Gewerbe der Mädchen profitierten.

Arme Mädchen

Die Mädchen waren aber nicht nur deshalb zu bedauern, weil sie früh und jämmerlich dahinstarben, sondern auch deshalb, weil sie oft genug – anders als in unseren Wohlstandsländern – das Metier nur aus Not ergriffen. In Żółkiew kam zum Beispiel einmal ein etwa vierzehnjähriges, schmächtiges jüdisches Mädchen mit der Bahn an und fragte nach dem Bordell. Die jüdische Frau, von der sie den Weg erfragen wollte, wurde stutzig und wollte wissen, was das Mädchen, ein halbes Kind noch, in dem Bordell zu suchen habe. Diese gab ganz offen zu, daß sie als Dirne dort eintreten wolle. Sie sei Vollwaise, die Verwandten wollten sie nicht aufnehmen, für die – damals in der Tat sehr schwere – Hausarbeit eines Dienstmädchens sei sie leider zu schwach, gelernt habe sie auch nichts, so bleibe, nach ihrer Meinung, keine andere Wahl.

Ich weiß nicht, was mit jenem Waisenmädchen dann geschehen ist, ob die jüdische Frau, die sie ausgefragt hatte, dann doch noch einen Ausweg für sie fand, oder ob sie einsehen mußte, daß dem Mädchen keine andere Möglichkeit blieb. Aber diese eine junge Tochter war kein Einzelfall. Ein anderes solches Mädchen hatte in Żółkiew allerdings Glück: Der junge Mann, der das Bordell stets mit »frischer Ware« belieferte, genannt »Mendel Blecher«, weil er zuvor tatsächlich das ehrbare Gewerbe eines Klempners betrieben hatte, fand einmal in einer »Sendung«, die er eben ins Bordell einliefern wollte, ein besonders junges und unschuldiges Mädchen, das ihm leid tat. Da er noch ledig war, nahm er sie zur Frau und blieb ihr sein Leben lang ein verläßlicher und treuer Ehemann. Aber mehr als dieser einen konnte auch er nicht helfen.

Die Rote Baschja

Die alte Jüdin, die das Militärbordell in Żółkiew betrieb, kannte man allgemein nur unter dem Namen »die Rote Baschja«. Wie sie in Wirklichkeit hieß, wußte niemand. Und wenn man sie anschaute, begriff man auch ihren Übernamen nicht. Denn nichts an ihr war rot.

Als sie aber fünfzehnjährig, als junge Braut, nach Żółkiew kam, war das anders gewesen. Damals hatte sie feuerrote Flechten und Augenbrauen und den kalkweißen, mit kupferfarbenen Sommersprossen übersäten Teint einer albinoiden Rothaarigen gehabt. Ihre Augen waren grellblau. Nach der Hochzeit schnitt man ihr natürlich, wie allgemein üblich, die Flechten ab, und man zog ihr eine grobe pechschwarze Perücke an, die zu ihrem kalkigen rotfleckigen Teint und ihren feuerroten Augenbrauen abscheulich kontrastierte. Die junge Frau sah in dieser Aufmachung furchterregend, ja teuflisch aus. So blieb ihr der Name »die Rote Baschja« bis zum Lebensende.

Als Bordellbesitzerin hatte die Rote Baschja finanziell Erfolg. Persönlich jedoch war sie vom Unglück verfolgt. Früh schon verlor sie ihren Mann, und auch ihr einziger Sohn und seine Frau starben jung dahin. Sie hinterließen ein kleines Mädchen, das die Großmutter bei sich aufnahm und sorgsam und liebevoll aufzog. Die Kleine sollte die allerfeinste Erziehung erhalten. Nun waren in den slawischen Ostregionen Altösterreichs die staatlichen Elementarschulen ziemlich primitiv. Knaben wechselten nach drei Jahren ins Gymnasium über, sofern sie hierfür die nötige Intelligenz besaßen. Mädchengymnasien gab es damals aber noch nicht überall.

Baschjas Enkelin
in der Nonnenschule

Doch dafür bot sich für die Töchter ein anderer Ausweg an: Es gab hier die trefflichen Nonnenschulen. Sie genossen mit Recht einen sehr guten Ruf. Und sie nahmen, genau wie die Jesuitengymnasien Altösterreichs, ohne weiteres auch Andersgläubige – Protestanten und Juden – auf. Zum Teil taten sie es vielleicht in der Hoffnung, daß der eine oder andere Schüler sich dann später zum Katholizismus bekehren würde. Denn Rassenantisemitismus gab es damals in den kirchlichen Kreisen Österreichs noch nicht. Dieser sehr vagen Gefahr zum Trotz schickten auch fromme Juden ihre Töchter gern zu den Nonnen und ihre Söhne zu den Jesuiten. Eine Ausnahme bildeten da nur die hyperfanatischen und mystisch inspirierten Chassidim. Meine Mutter aber hat nie eine andere Schule besucht als die der Felizianerinnen, und sie hatte sie lebenslang in sehr guter Erinnerung, obwohl – oder vielleicht gerade weil – die kleinen Mädchen von den Ordensschwestern streng autoritär erzogen wurden.

In einer solchen Nonnenschule wollte also die Rote Baschja ihre kleine Enkelin unterbringen. Die Kleine blieb genau eine halbe Stunde lang. Dann war ihr Gastspiel an der Klosterschule für immer beendet. Denn am ersten Schultag pflegte ein Priester mit Weihrauchkessel und Wedel von Klasse zu Klasse zu gehen, um die neuen Schülerinnen zu segnen. Mit einem entsetzten »Hu!« und »Ha!« fuhr die Enkelin der Roten Baschja unter die Bank, während meine Mutter genau wie die kleinen Katholikinnen ruhig sitzen blieb und die Prozedur mit Interesse verfolgte.

Die Nonnen hießen die Kleine hierauf heimgehen und sorgten dafür, daß sie nicht wiederkam. Vielleicht waren sie auch froh über den Vorwand, ein Kind aus so fragwürdiger Umgebung auf anständige Weise loszuwerden.

Talmudgelehrtheit und Wunderglaube

Die so völlig verschiedene Reaktion der beiden jüdischen Mädchen versteht man nur, wenn man sich unter den verschiedenen religiösen Richtungen des

Ostjudentums ein wenig auskennt. Die Rote Baschja, bei der ihre Enkelin aufgewachsen war, entstammte, im Gegensatz zu meiner Mutter, einem chassidischen Milieu. Westlich Osteuropas kennen die meisten den Chassidismus nur aus den Schriften Martin Bubers, der von der Bewegung ein sehr verklärtes Bild malt. Sicher bot der Chassidismus mit seiner Einfalt, seiner Demut, seiner Gottesfreude und seinem Wunderglauben den Armen und Verzweifelten seelischen Rückhalt und vor allem auch ein ganz neues, fröhliches Gemeinschaftsgefühl. Der Name »Chassid« bedeutet soviel wie »der Fromme«, und seit dem Altertum bis auf den heutigen Tag nennen sich jüdisch-mystische Sekten, die mehr Gewicht auf naive Frömmigkeit als auf Talmudgelehrtheit legen, »chassidisch«. Zu Beginn glich der Chassidismus dem frühen Christentum. Der Zaddik, der Wunderrabbi, heilte genau wie Jesus Kranke und Besessene, weckte Tote auf, hob sich in die Luft, schritt über Wasser, vermehrte auf wundersame Weise Brot und Wein der Armen. Und er liebte, genau wie seinerzeit der Nazarener, die Kinder und die Hilflosen.

Wenn die nüchternen talmudgelehrten Rabbinen am Anfang dem Chassidismus trotzdem Mißtrauen entgegenbrachten, so nicht, weil sie ihn als Ketzerei empfanden, sondern nur, weil die ersten Chassidim das komplizierte Ritualgesetz nicht allzu wichtig nahmen. Das war an sich nicht schlimm. Nicht nur Jesus, der von den Juden natürlich nicht als Autorität in religiösen Fragen anerkannt wird, sondern schon vor ihm die Propheten und gleichzeitig mit ihm einer der größten Talmudlehrer, der sanfte Hillel, waren ebenfalls der Meinung gewesen, daß Nächstenliebe und Demut wichtiger seien als die exakte Kenntnis aller Zeremonialvorschriften. Der Grundsatz als solcher war also nicht neu. Wenn die Talmudgelehrten dennoch zu Beginn der Bewegung den einen oder andern Zaddik mit dem synagogalen Bann belegten, so nur, weil sowohl die Zaddikim wie ihre chassidischen Anhänger oft ungebildete Menschen und folglich kaum in der Lage waren, wichtige und unwichtige Talmudgesetze voneinander zu unterscheiden. Ganz ohne Absicht konnten sie also, sobald sie die Formalgesetze auf die leichte Schulter nahmen, in Ketzerei abgleiten, obwohl ihnen im Grunde nichts ferner lag. Und in der Tat kam es dann später gerade bei den Chassidim zu einem Fanatismus beim Einhalten aller noch so geringfügigen Ritualvorschriften, wie man ihn in talmudisch-nüchternen Kreisen nie gekannt hatte. Der Grund: Die Chassidim waren irrational und wundergläubig. Daß die vielen Talmudgebote durchaus vernünftige – nämlich hygienische, medizinische, soziale und juristische – Grundlagen hatten, begriffen sie nicht. Sie faßten die unzähligen Vorschriften als eine Art von Zauberformeln auf, die man unter keinen Umständen verletzen durfte, ohne den Gotteszorn und die Gottesstrafe auf sich selbst und auf die ganze jüdische Gemeinschaft herabzubeschwören. Daher mußte nicht nur ein jeder selber genau darauf achten, daß er keine der Vorschriften verletzte, sondern er mußte auch die andern bespitzeln und notfalls anzeigen, damit man sie öffentlich bestrafen konnte. Daher die unerträgliche Inquisitionsluft in vielen chassidischen Gemeinden, wie auch Karl Emil Franzos sie in seinen Erzählungen schildert.

Dennoch blieben einige der größten Wunderrabbis ihrem Volk weit intensiver verbunden als ihre talmudgelehrten Kollegen. Von zweien von ihnen, den spätern Rabbi Sussia und Rabbi Elimelech, weiß man, daß sie bei einer Wanderung einmal spät am Abend in einem Ort unweit von Krakau eintrafen. Aber obwohl sie müde waren und die Nacht bereits hereinbrach, waren sie außerstande, dort zu übernachten. Sie fühlten sich plötzlich unwiderstehlich, in einer Art von Panik, weitergetrieben. Der Ort hieß Auschwitz, und die Geschichte trug sich vor fast zweihundert Jahren zu. Die frommen Chassidim erzählten von dem Vorgang, ohne seinen Sinn zu begreifen. Erst heute wissen wir: Da waren zwei, die sich ihrem Volk so intensiv verbunden fühlten, daß sie den qualvollen Untergang der Millionen Ostjuden in den Gaskammern von Auschwitz schon vor zweihundert Jahren vorausfühlten.

Die Chassidim waren auch die einzigen, die selbst noch in den Deportationszügen unterwegs zu den Gaskammern ihren Leidensgenossen Mut zusprachen und mit ihnen zusammen singend und betend den Gang zum Foltertod antraten. Und heute, nach den Schrecknissen der Hitlerzeit, breitet sich inmitten einer modernen und rationalen Welt der Chassidismus aufs neue überall dort aus, wohin Reste der Ostjuden entkommen konnten: in New York, London, Jerusalem. Und sogar in der Ukraine gibt es, nach fünfzig Jahren antireligiöser Propaganda, wieder eine neue chassidische Welle. Den Behörden ist sie ein

Dorn im Auge, und die antisemitische Kiewer Staatspresse schalt diesen Neo-Chassidismus »imperialistisch«, »kapitalistisch« und »zionistisch«. Das alles ist zwar reiner Unsinn. Die mystisch gestimmten Chassidim anerkennen nicht einmal den weltlichen Staat Israel, weil nach ihrer Meinung nur der Messias am Ende aller Zeiten hier wieder ein geschlossenes Gemeinwesen aufbauen darf. Sie zahlen daher, durchaus konsequent, dem weltlichen Staat Israel nicht einmal Steuern, womit sich die israelischen Behörden humorvoll abfinden. Aber es beweist doch, welche Anziehungskraft der Chassidismus heute wieder ausübt.

Aus diesem wunder- und abergläubischen Milieu stammte also die kleine Enkelin der Roten Baschja. Waren für sie jüdische Religionsgebote wie Händewaschen vor dem Essen oder Sprechen des Lichtersegens am Freitagabend eine Art von weißer Magie, so war es klar, daß sie das Besprengen mit Weihwasser und den lateinischen Spruch des Priesters als schwarze Magie auffaßte und fürchtete. Ihr Verhalten war durchaus logisch.

Die Rote Baschja brachte die Kleine also in die gewöhnliche Volksschule. Sie wuchs zu einer etwas ordinären, aber eindrucksvollen, glutäugigen Schönheit heran, nach der sich alle Männer auf der Straße umdrehten. Allerdings hatten sie hierzu nicht viel Gelegenheit, denn das Mädchen wurde von der Roten Baschja streng bewacht.

Baschjas Etablissement

Im Etablissement gab es neben der Abteilung für gewöhnliche Soldaten eine etwas »feinere« für die Herren Offiziere. Vermutlich wurde die frische »Ware« zunächst einmal dort eingeliefert und erst nachher, ramponiert und mehrfach infiziert, in die Abteilung für die gewöhnlichen Soldaten übergeführt.

Dennoch verkehrten lange nicht alle Offiziere in dem Bordell. Etliche zogen es vor, entweder selber ein jüdisches Mädchen ausfindig zu machen, oder sich eines durch »Mendel Blecher« oder einen andern tüchtigen Mädchenhändler vermitteln zu lassen. Sie mieteten ihrer »Mätresse«, an der sie nun Exklusivrechte besaßen, ein Häuschen am Stadtrand. Wechselten sie in eine andere Garnison über, so vermachten sie Häuschen inklusive Mätresse ihrem Nachfolger. Wieder andere hatten überhaupt keine Lust auf käufliche Liebe. Manche aber besuchten das Etablissement der Roten Baschja in regelmäßigen Abständen.

Nun lagen zwar die Privaträume der Chefin an der Hinterfront des Gebäudes und waren nur durch einen separaten Eingang zu erreichen. Dennoch erblickte eines Tages einer der jungen Adelsherren die schöne Enkelin und wurde von einer unbezwinglichen Leidenschaft zu ihr ergriffen.

Die schöne Esterka und der Husar

Desgleichen kam auch in anderen Garnisonsstädten vor und führte für das Mädchen mitunter zur Tragödie. Karl Emil Franzos, den wir bereits im Zusammenhang mit der Sitte des Haaropfers jüdischer Bräute zitiert haben, erzählt eine solche traurige Geschichte aus seiner Heimatstadt Czortków, die er in seinen Novellen Barnow nennt:

Dort lebte ein reicher angesehener jüdischer Kaufmann zusammen mit seiner verwaisten Enkelin, die bei den Gymnasiasten des Ortes nur »die schöne Esterka« hieß. Ein hübscher und gewissenloser Husarenoffizier verliebte sich in sie und verführte sie. Als er an einen andern Ort versetzt wurde, folgte ihm die schöne Esterka nach.

Nach altem jüdischen Brauch pflegen Juden nicht nur um Tote, sondern auch um Abtrünnige nach einem festen Ritual zu trauern: Sie sitzen volle sieben Tage am Boden oder auf einem niederen Schemel, barfuß oder doch ohne Lederschuhe, und mit zerrissenem Gewand. Auf diese Weise trauerte auch der Großvater um seine Enkelin, und von Stund an nannte er nie mehr ihren Namen, obwohl ihm Angst und Sorge um das Mädchen das Herz zerrissen.

Der Husarenoffizier jedoch bekam die schöne Esterka bald schon satt. Brutal stellte er sie vor die Wahl, entweder mit einem seiner Untergebenen vorliebzunehmen oder sich zum Teufel zu scheren. Völlig ausgehungert und verstört traf das Mädchen in Barnow ein und wurde vom Großvater von der Schwelle gewiesen. In der gleichen Nacht erlag er einem Schlaganfall. Das Mädchen fand man tot im Straßengraben vor der Stadt.

Der Fehltritt

Jener schönen Esterka konnte das widerfahren, weil sie nicht nur schön, sondern außerdem noch naiv und wirklich verliebt war. Die Enkelin der Żółkwer Bordellwirtin aber verliebte sich überhaupt in niemanden, auch nicht in ihren galanten Verehrer. Um an sein Ziel zu gelangen, mußte er sie heiraten. Natürlich kam es gar nicht in Frage, daß er bei der Roten Baschja um die Hand der Enkelin anhielt. Sie wäre entsetzt gewesen und hätte das Mädchen schleunigst aus Żółkiew fort zu irgendwelchen Verwandten gebracht, wo der Offizier sie kaum mehr gefunden hätte. Das wußte auch die Enkelin. Also ließ sie sich von ihrem Verehrer bei Nacht und Nebel zwar entführen, nicht aber verführen, sondern im Schnellverfahren zum Katholizismus bekehren und dann kirchlich heiraten. Konfessionelle Mischehen waren in Altösterreich nämlich ausgeschlossen.

Und die Rote Baschja? Vergoß sie nicht allen religiösen Bedenken zum Trotz über das Aschenputtelglück ihrer Enkelin Tränen der Freude? Schließlich hätte das Mädchen, wäre es daheim geblieben, mit einem sehr einfachen Mann vorliebnehmen müssen, während es jetzt auf einem Schloß wohnen und Söhne haben würde, die am kaiserlichen Hof verkehren durften.

Weit gefehlt! Lange wußte die Rote Baschja nicht, wohin die Enkelin verschwunden und was mit ihr geschehen war. An dem Tag aber, da sie es erfuhr, wurde die ganze Stadt durch ein gellendes Jammergeheul aufgeschreckt: Die Rote Baschja, längst grau und runzlig geworden und ohne eine Spur jener flammenden Röte, der sie ihren Übernamen verdankte, rannte aufgelöst und händeringend durch die Straßen der Stadt zum jüdischen Friedhof, um nach alter Sitte die Seelen der Vorfahren an deren Gräbern um Hilfe gegen das schreckliche Unglück anzuflehen. Insofern allerdings war die Rote Baschja nicht unschuldig an dem »Unglück«, als sie versäumt hatte, ihre Enkelin der chassidischen Sitte gemäß schon mit vierzehn, fünfzehn Jahren zu vermählen, in einem Alter also, in welchem sie die Aufmerksamkeit des Offiziers noch kaum erregt hätte.

»Faule Zähne«

Weit vorsichtiger handelte in dieser Hinsicht ein anderer Jude in Żółkiew, ein primitiver und ungebildeter Mann, der eine ganze Anzahl hübscher Töchter und auch genügend Geld hatte, einer jeden von ihnen eine anständige Mitgift und Aussteuer mitzugeben. Er pflegte zu sagen: »Eine ledige Tochter – die ist wie ein fauler Zahn im Mund. Hinaus mit ihm, so rasch wie möglich!«
Einmal begegnete ihm mein Großvater auf der Straße. Der Jude stand neben einem Bauernwagen und unterhielt sich mit dem Kutscher. Offenbar hatte er den Wagen soeben gemietet. Als er meinen Großvater sah, hielt er ihn an und erzählte ihm, er sei eben dabei, für eine seiner Töchter »auf Bräutigamsbeschau« zu fahren. Es seien ihm aber zwei

etwa gleichwertige Partien angeboten, und er wisse nicht, welche von beiden er wählen solle.

»Vielleicht schaut Ihr Euch beide jungen Männer unverbindlich an, ehe Ihr Euch entscheidet?« fragte der Großvater. – Die Idee fand bei dem Juden wenig Anklang. »Ach was«, sagte er, »das ist viel zuviel Mühe!« – Dann wandte er sich dem Kutscher zu und fragte ihn: »Iwan, wohin willst du lieber fahren? Nach rechts oder nach links?« – Iwan dachte eine Weile nach und wies dann in diejenige Richtung, die ihm aus irgendeinem Grund besser zusagte. – »Also los!« rief der Jude aus, setzte sich in den Wagen, und die beiden fuhren davon. Drei Wochen später war die Tochter verheiratet.

»Aber nein! Du bist keine Jüdin!«

Antisemiten – und oft genug auch Judenfreunde – sehen im jüdischen Volk einen geschlossenen Block, den man folglich auch einheitlich – negativ oder positiv – beurteilen müsse. Davon ist in Wirklichkeit keine Rede. Auch das bringt ein alter Judenwitz – wie so vieles andere – klüger und kürzer zum Ausdruck als alle hochgestochenen dicken Schinken zur Judenfrage zusammengenommen:

Sollten bei einer Expedition ins All drei Juden auf dem Mars steckenbleiben, dann werden sie als erstes vier untereinander irreparabel zerstrittene Parteien bilden. –

Beim Exiljudentum sind, wie es schon die paar Episoden aus diesem Buch belegen, vor allem zwei

Hauptrichtungen zu unterscheiden: Mystiker und wundergläubige Orthodoxe auf der einen und Aufklärer und Rationalisten auf der andern Seite. Darauf können wir hier nicht näher eingehen. Nur zwei typische Beispiele: Der große, aristotelisch-rational ausgerichtete, spaniolische Philosoph und Talmudkodifikator Maimonides (1135–1204) meinte, durch die Inquisition tödlich Gefährdete dürften Konzessionen machen und unter Umständen sogar in eine Scheintaufe einwilligen. Aus jener Zeit stammt denn auch das Kol-nidrej-Gebet, das die Juden bis heute an ihrem strengsten Fast- und Bußetag Jom Kippur (= Tag der Sühne) rezitieren, in welchem sie erklären: »Alle unsere Gelübde (= Kol nidrej) sind nichtig.« Antisemiten schließen daraus auf eine Neigung der Juden zum Meineid – das Gebet bezieht sich aber ausschließlich auf Zwangstaufen.

Zur selben Zeit pflegten die weit mystischer orientierten deutschen Juden bei akuter kollektiver Gefahr ihren Kindern den Hals durchzuschneiden, um sie vor einer Zwangstaufe nach der Ermordung der Eltern zu bewahren. –

Großvater Hersch, der den beiden rational und aufklärerisch ausgerichteten Rabbinerdynastien Gottesmann und Jäckel entstammte, pflegte zwar den Wunderrabbis der Region zu den hohen Feiertagen hohe Spenden zu schicken – aber nicht aus Bewunderung, sondern nur aus Vorsicht, weil sie ihre Gegner zwar nicht wie seinerzeit die spanische Inquisition und heute die Mafia ermordeten, aber doch oft genug durch planmäßigen Rufmord ruinierten. Seine Söhne schickte er jedoch aufs Gymnasium, und Tochter und Enkelin, da Mädchen damals an Gymnasien nicht zugelassen waren, in die vorzügliche polnische Nonnenschule der Felizianerinnen. Beide fühlten wir uns bei ihnen restlos wohl. Weihrauch und Priestersegen erfüllten uns, im Gegensatz zur kleinen Enkelin der Bordellbesitzerin, genannt »die Rote Baschja«, aus chassidischem Milieu, nicht mit Entsetzen.

Diese Einstellung habe ich übrigens auch späterhin beibehalten. Als nach der Geburt meines Sohnes Valentin ein katholischer Pfarrer mein Zimmer in der Klinik betrat und sich dann, nach einem Blick auf seine Liste, erschrocken zurückziehen wollte, rief ich ihn streng zurück mit dem Befehl: »Halt! Ich lasse mir doch einen Segen für mein Kind nicht entgehen!« Damals antwortete ich auf den bei frommen Katholiken in Polen noch heute üblichen Gruß »Gelobt sei Jesus Christus« immer mit der gleichfalls üblichen Formel: »In die Ewigkeit aller Ewigkeiten, Amen!«, und dem Priester küßte ich, wenn er im Schulhof auftauchte, wie alle andern Schülerinnen ehrfürchtig die Hand. Die Nonnen hatten also wenig Grund, meine Präsenz zu beanstanden. Im Gegenteil. Doch gerade deshalb kam es auch bei mir gleich bei Schulbeginn zu einer Konfrontation mit umgekehrtem Vorzeichen: Eine jüdische Mitschülerin aus einer höheren Klasse sah, wie ich im Schulhof dem Pfarrer die Hand küßte, und tadelte befremdet: »Du bist doch Jüdin!« Worauf ich in ein herzzerreißendes Geplärr ausbrach ...

Um das zu begreifen, muß man folgendes wissen: Ich lebte zwar in einem frommen jüdischen Haus, aber kein Mensch sagte je zu mir: »Wir sind Juden.« Das

Wort »Jude« oder vielmehr »Jüdin« bekam ich daheim nur zu hören, sooft eine total zerlumpte jüdische Bettlerin bei uns aufkreuzte, die im Winter ihre Hände an einem Töpfchen mit glühenden Kohlen zu wärmen pflegte. Sie blieb jeweils an der Tür stehen und begann die ganze Familie ausführlich zu segnen, worauf Großmutter ihr ein Almosen gab. Aber wieviel sie auch bekam – sie psalmodierte ihre Segenssprüche unentwegt weiter, bis Großmutter ihr einen zweiten Betrag zusteckte. Wenn man sie schließlich los war, pflegte Großmutter aufatmend zu sagen: »Endlich ist die unerträgliche Jüdin weg!«

Das also war der einzige Anlaß, bei dem ich das Wort »Jüdin« zu hören bekam. Kein Wunder, daß ich mich tödlich beleidigt fühlte und losheulte.

Als nun die Nonnen die kleine Enkelin des hochrespektierten Hersch Gottesmann lauthals plärren hörten, kamen sie von allen Seiten erschrocken herbeigeeilt und wollten wissen, was man ihr angetan hatte. Ich sagte es ihnen, worauf die Nonnen mir freundlich versicherten: »Aber nein! Du bist keine Jüdin!« Wollten sie mich nur rasch beruhigen? Oder sahen sie in dem Vorfall eine Chance, mich später zur Proselytin für die Kirche zu gewinnen? Das kann heute niemand mehr abklären ...

»Zweie hoben ein Kleid auf«

Pannen gab es jedoch nicht nur bei meinem Schulunterricht. Großvaters zwei Söhne kamen zwar aufs Gymnasium, aber anfangs versuchte er sie außerdem noch in den Cheder, die hebräische Elementarschule, zu schicken, wenn auch nicht, wie bei den Superfrommen üblich, bereits im vierten Lebensjahr, was für die Bübchen eine Qual und außerdem lerntechnisch sinnlos war. Einer der zahllosen davon Betroffenen, Israel Jehoschua Singer, jiddischer Schriftsteller wie sein mit dem Nobelpreis ausgezeichneter Bruder Isaak Bashevis, hat sich in seinen Lebenserinnerungen zornig darüber beklagt: Dasselbe Lernpensum könne man schulreifen Kindern in einem Bruchteil der Zeit beibringen!

Von meinen beiden Onkeln hatte der ältere Freude am Talmudstudium; der kleinere aber, Elias, fand nie Geschmack daran und trieb im Cheder Schabernack. Das tat er auch, als der Melamed – der Lehrer – den Talmudtraktat über das Anrecht an einer Fundsache unter dem Titel »Zweie heben ein Kleid auf« behandelte. Elias lachte zufällig gerade lustig, weshalb der Melamed ihn zornig anfuhr: »Es handelt sich hier nicht um das, was du Nichtsnutz darunter vermutest!« Elias, der gar nicht hingehört hatte und übrigens auch bei konzentriertester Aufmerksamkeit nicht begriffen hätte, was ihm der Lehrer da für ein zweideutiges Mißverständnis unterstellte, lachte lustig weiter – worauf ihn der zornige Melamed so in die Wange kniff, daß eine dunkle Blutspur zurückblieb.

An sich galten damals bei Jud und Christ Schläge und andere Mißhandlungen als bewährte pädagogische Maßnahmen. Aber Großmutter war keine arme, demütige Jüdin, die womöglich mit dem Schulgeld für ihr Kind im Rückstand war und schon deshalb zu eingeschüchtert gewesen wäre, um einzugreifen, sondern die Tochter eines Großgrundbesitzers, auf dessen Gütern von der Schneeschmelze an Hunderte von meist landlosen Bergbauern – Huzulen – arbeiteten. Sie kniff den Melamed gleichfalls in die Wange, fragte zornig, wie ihm das gefiele, und nahm beide Knaben endgültig aus dem Cheder heraus ...

»Das wird dein Ende sein!«

Vielleicht sind hier auch ein paar Worte über die Beziehungen zwischen Polen und Juden am Platze. Die Literatur über das Ostjudentum hält oft tadelnd die Verachtung fest, welche die slawische Bevölkerung den Juden entgegenbrachte. Das ist aber eine einseitige Betrachtung: Man verachtete sich gegenseitig. Wir haben bereits von dem Wehgeschrei gehört, das der sehr arme Verwandte meines Vaters anstimmte, als er hörte, daß mein Vater eine Tochter der Grafentochter Lea heiraten werde – und sein Entsetzen galt keineswegs der Illegitimität der Beziehung, der Lea entstammte, sondern der Tatsache, daß der Vater ein polnischer Graf war.

Auch der ärmste Jude fühlte sich dem Polen gegenüber überlegen, und keineswegs nur aus religiösen Gründen, sondern nicht zuletzt eben seiner eigenen hohen talmudisch-juristischen Bildung wegen. Von den armen Ruthenen, denen die polnischen Behörden planmäßig jede solide Schuldbildung vorenthielten, gar nicht erst zu reden. Einmal mehr ist es wieder ein jüdischer Witz, der diese Tatsache am kürzesten und prägnantesten festhält:

Zaristisches Rußland. Der bettelarme jüdische Vater im geflickten Kaftan schleppt sein sich wütend sträubendes barfüßiges Söhnchen, dem ein Hemdzipfel aus dem zerrissenen Höschen heraushängt, zum Cheder. Ein rassiges Kosakenregiment zieht vorbei, zuvorderst auf einem edlen Pferd der Anführer in seiner hinreißend schicken Uniform.

Darauf der Jude zu seinem plärrenden Bübchen: »Siehst du! Wenn du nicht lernen wirst, wird das dein Ende sein!«

Jüdischer Messianismus im polnischen Nationalismus

Ich meinerseits fühlte mich, wie gesagt, in der Nonnenschule sehr gut. Ich ließ mich – was weiß man schon mit fünf Jahren! – vorbehaltlos mit dem geradezu wilden Nationalismus der polnischen Klosterfrauen indoktrinieren, dessen negative Auswirkungen meine Mutter gleichzeitig in St. Gallen zu spüren bekam, weil sie die ganzen acht Jahre hindurch in den Deutschstunden nicht ein einziges deutsches Wort gelernt, sondern nur sentimentale Lieder über den untergegangenen polnischen Staat gesungen und glühend-nationalistische polnische Balladen auswendig gelernt hatte.

Daran hatte sich auch seither nichts geändert. Und während ich kein einziges deutsches Gedicht mehr auswendig kann, weiß ich heute noch Text und Melodie eines wehmütigen polnischen Liedes fast vollständig, in welchem der besiegte polnische Krieger trauernd neben seinem zerbrochenen Schwert auf der Erde sitzt, sich erinnert, wie schmuck und prachtvoll er einst daherkam, und klagt, das einzige, was heute noch an ihm blitze und blinke sei »im Auge die Träne«. Ich weinte jeweils ein bißchen mit.

Und ich kann auch noch teilweise eine Ballade des polnischen Nationaldichters Adam Mickiewicz auswendig hersagen, in welcher er der Priorität der nationalen Ziele und Gefühle über alle übrigen menschlichen Regungen Ausdruck verleiht am Beispiel des arabischen Fürsten Almansor in Granada: Die christlichen Belagerer setzen bereits zum Sturm auf die Stadt an – da kommt er allein, mit einer weißen Fahne heraus, unbewaffnet, und bietet den christlichen Heerführern seine konditionslose Unterwerfung und Taufe an. Die tiefgerührten Christen umarmen und küssen ihn – er aber bricht sterbend zusammen, mit einem gräßlichen Lachen, und verkündet triumphierend: »Ich habe euch die Pest gebracht!«

Adam Mickiewicz (1798–1855), außerhalb Polens kaum gekannt und gelesen, hat für Polen selbst eine Bedeutung gewonnen, die seine literarische Qualität weit übersteigt. Ihm verdanken die Polen nämlich die Uminterpretation ihres politischen Unglücks, das sie in Wirklichkeit nur eigenen Fehlern und der topographischen Lage ihres Landes zwischen Großmächten im Osten und Westen verdanken, in eine Art leidvoller Auserwähltheit gleich jener des Volkes Israel. Polen ist hiernach gleichsam der leidende Messias, Polens Leid Sinnbild und Stellvertretung für das Leid aller politisch unterdrückten Nationen, Polens Wiedererstehung auf der Landkarte gewinnt damit in eins Züge religiös-messianischer Erlösung, von der her sich alle andern Seinswerte restlos relativieren. Von diesem Gesichtspunkt her verherrlicht Mickiewicz in seinem »Konrad Wallenrod« sogar den heimtückischsten politischen Verrat an den Feinden Polens.

Nur beim Volk Israel verband sich je zuvor der Glaube an die Auserwähltheit mit der Überzeugung, daß das kollektive Leid kein sinnloser historischer Zufall sei, sondern unabdingbare Voraussetzung und Auftakt der Erlösung und somit ein Element der Auserwähltheit selbst. Indem nun Mickiewicz dem Leid Polens auf diese Weise einen tiefen geschichtsphilosophischen Sinn zuschrieb, schenkte er dem polnischen Volk ein Sendungsbewußtsein, von dem es seither in schweren Zeiten zehrt.

Wie sehr Mickiewicz selbst sich der Verwandtschaft zwischen dem nationalen Messianismus, den er den Polen bescherte, und dem religiösen Messianismus der Juden bewußt war, kommt auch darin zum Ausdruck, daß er als politischer Emigrant in Konstantinopel neben einer polnischen auch eine jüdische Armee zum Freiheitskampf für Polen aufbauen wollte. Er starb, ehe er erkennen mußte, daß seine Pläne zum Scheitern verurteilt waren. –

In Polen lebten zwar bis zur Hitlerzeit Millionen Juden. Dennoch blieb der kulturelle Kontakt zwischen den beiden Volksgruppen immer fragmentarisch. Die Juden, meist ehemalige Flüchtlinge vor den Verfolgungen in Deutschland während des Mittelalters, sprachen nicht Polnisch, sondern Jiddisch, ein altes Deutsch mit zahlreichen hebräischen und nur spärlichen slawischen Einsprengseln, und lebten im wesentlichen aus ihrer eigenen semitischen Traditionswelt heraus. Lockerten sich die Glaubensketten, dann wandten sich die Juden Polens meist nicht der polnischen, sondern der deutschen Kultur zu – vor allem der deutschen Klassik. Die Polen ihrerseits inspirierten sich kaum je an jüdischen Ideen.

Woher also die Ausnahme, die Tatsache, daß Mickiewicz – und nur er! – aus einer Synthese polnisch-nationaler Gefühle mit jüdisch-religiösem Messianismus die Formel herausdestillierte, an der sich die Polen vor allem in Notzeiten orientieren konnten?

Der »Halbjude« Adam Mickiewicz

Es war kein Zufall. Nicht nur war die Mutter von Adam Mickiewicz der Herkunft nach Jüdin, sondern obendrein sogar »Frankistin«, kam also aus der messianisch erregten Sekte des podolischen Scharlatans und Pseudomessias Jakob Frank (1726–91). Messianische Erregtheit war in der Familie des Dichters demnach endemisch.

Messianische Erregtheit, die Gewißheit der baldigen Erlösung, keimt bei den Juden regelmäßig in Zeiten untragbarer Not. Die jüdischen Mystiker versuchen dann oft, durch Selbstkasteiung das Kommen des Messias zu beschleunigen.

Nun aber gibt es bei den biblischen Propheten in Babylon und dann im Talmud auch die Theorie, dem Kommen des Messias würden besonders greuliche und verderbte Zeiten vorangehen, die sogenannten

»chawlej maschiach«, die Messiaswehen. So verfielen einzelne jüdische Ketzer auch auf die Idee, man könnte die Messiaswehen durch eigenes Sündigen systematisch beschleunigen. Als gutmütige Leute entschieden sie sich dabei nicht für Mord und Menschenquälerei, sondern beschränkten ihr Sündenregister auf Sexualorgien, inklusive Inzest, und auf fidele Leistungsverweigerung. Sie waren also die exakten Vorläufer des deutsch-jüdischen Philosophen Herbert Marcuse, des Leitsterns und Gurus der revoltierenden Studenten von 1968, der dadurch Seriosität vortäuscht, daß er seinen Hippiemessianismus in einem hochgestochenen kantianischen Fachjargon vorträgt, und dem es dadurch gelungen ist, die trotz Nazivergangenheit großteils brauchbar gebliebenen deutschen Universitäten im Handumdrehen teilweise irreparabel auf ein Nullniveau herunterzusenken und manche sogar in neomarxistische Kaderanstalten mit Dauerfastnacht umzuwandeln.

Zwei solche gleichfalls jüdische Vorläufer hatte der irrtümlich für originell und neu gehaltene Herbert Marcuse: Der erste war Sabbatai Zwi aus Smyrna (1626–76). Er fand bei den ostjüdischen Massen, die durch die Judenmassaker des Kosakenhetmans Bogdan Chmielnizki verschreckt, verarmt und desorientiert waren und sich nach Erlösung sehnten, verblüffenden Anklang, verlor darob alle Maßstäbe und vor allem das Bewußtsein seiner faktischen Machtlosigkeit und bedrohte als angeblicher »Sohn König Davids« den Sultan mit Absetzung, worauf ihn dieser vor die Wahl stellte, Muslim zu werden oder zu sterben. Er zog natürlich ersteres vor, und seine Anhänger formierten eine Sekte, genannt die »Dönmehs«. In der Türkei existiert sie noch, in Griechenland wurden ihre Adepten von den Nazis ausgerottet.

In Polen selbst erzeugte das zunehmende Elend der Juden durch Ritualmordprozesse am laufenden Band und neue Unterdrückungsformen durch Kirche und Staat eine zweite pseudomessianische Erlösungswelle unter der Führung des podolischen Scharlatans Jakob Frank. Gruppensex hatte es schon unter Sabbatai Zwi gegeben – wir hörten bereits von der schönen Tochter Chanele des Synagogenpedells in Rohatyn, die damals nackt vor den Männern in der Synagoge tanzte. Jetzt standen orgiastische Elemente ganz im Vordergrund. Aber hier, auf christlichem Boden, reicherte Jakob Frank seine Lehre mit katholischen Elementen an: Er lehrte eine göttliche Trinität, bestehend erstens aus Gottvater, zweitens aus dem »santo senior«, identisch mit ihm selber, und der »Matronita«, der weiblichen Hypostase der Gottheit, bei kultischen Zusammenkünften repräsentiert durch seine bildschöne Tochter Eva als Mittelpunkt der Gruppenorgien.

Da Jakob Frank aber nebenbei auch die Leistungsverweigerung predigte und es damals kein verdummtes »Establishment« gab, das diese Haltung mit Sinekuren aller Art honorierte wie heute, kam es bei den schon zuvor bitter armen jüdischen Massen zu einem unvorstellbaren wirtschaftlichen Elend.

Im allgemeinen waren die nüchternen orthodoxen Rabbinen Mystikern und messianischen Schwärmern gegenüber ziemlich tolerant. Aber die Lehre Jakob Franks konnten sie unmöglich schweigend hinnehmen. Er seinerseits rächte sich, indem er alle christlichen Verleumdungen und Wahnvorstellungen über die Juden der katholischen Geistlichkeit als angebliche Tatsachen präsentierte. Ganze Wagenladungen des Talmuds und zahllose lebendige jüdische Honoratioren wurden auf seine Verleumdungen hin auf Scheiterhaufen verbrannt.

Dann aber stellte die katholische Geistlichkeit an Jakob Frank selbst die Forderung, sich zum Beweis für die von ihm behauptete Katholizität seiner eigenen Lehre taufen zu lassen oder im andern Fall die gleichen Strafen zu erleiden wie die Juden. Frank war einverstanden, zumal damals den Juden als Taufprämie der Adelstitel winkte – übrigens ein schlagender Beweis dafür, daß die Juden von dieser Möglichkeit praktisch fast nie Gebrauch machten: Hätte man Massentaufen befürchtet, so hätte man – angeblichen Bekehrungseifer hin und her –, umgekehrt nach Mitteln zur Abschreckung und nicht zur Anlockung gesucht.

Frank seinerseits stellte eine Gegenbedingung: Der polnische König selbst müsse sein Taufpate sein. Dies wurde ihm tatsächlich gewährt. Daraufhin trat er, mit einigen hundert Anhängern zusammen, zum Katholizismus über. Sie gingen bald im polnischen Adel auf, der auch heute noch durch einzelne markante orientalische Köpfe überrascht.

Aus dem weiteren Leben Jakob Franks und seiner schönen Tochter Eva sei hier nur noch festgehalten, daß die beiden putzmunter am Kaiserlichen Hof in Wien auftauchten, dort ziemliches Aufsehen erregten, sich aber das Mißfallen von Kaiserin Maria Theresia zuzogen, weil die schöne Eva mit gutem Erfolg versuchte, dem Thronfolger, dem spätern Kaiser Jospeh II., den Kopf zu verdrehen. Auf Geheiß der sittenstrengen Frau Mama flogen Vater und Tochter in hohem Bogen aus Wien hinaus ...

Die Mutter des polnischen Nationaldichters Adam Mickiewicz war also getaufte Frankistin, der Vater polnischer Christ. Sie war zwar fromme Katholikin, aber dennoch ist es unter solchen Umständen kein Wunder, daß das geistige, jüdische-messianische Erbe in ihrem Sohn wieder durchschlug, so daß er den polnischen nationalen Messianismus erfand.

Die getauften polnischen Juden und die Französische Revolution

Übrigens setzten sich die Gelehrten im marxistischen Polen mit dem Frankismus intensiv auseinander. Nicht der frankistischen Herkunft ihres Nationaldichters wegen, über die man sich angesichts des auch im sowjetischen Polen herrschenden Antisemitismus vorsichtig ausschwieg. Sondern aus einem ganz anderen Grund:

Als nämlich die Französische Revolution ausbrach, zog eine ganze Gruppe von Frankisten nach Paris, wo sie bei den Kämpfen auf seiten der Aufständischen eine bedeutende Rolle spielten. Für die Frankisten verschmolzen die säkularisierten utopischen Träume der Revolution mit der Bibelprophezeiung einer neuen Welt der Gerechtigkeit und Leidlosigkeit. Und die Blutorgien der Revolution erschienen den Frankisten nicht als Gegenbeweis der kommenden Erlösung, sondern umgekehrt, genau wie die Judenpogrome der aufständischen Kosaken, als Messiaswehen und somit Auftakt und Beweis der nahen Welterlösung. In diesem Zusammenhang also sind die Frankisten für die marxistische Geschichtsforschung ein interessantes Objekt. – Wir aber halten fest: Obgleich die Mutter von Adam Mickiewicz nur noch fromme Katholikin war, flammte in ihrem Sohn das messianische Erbe seiner frankistischen Vorfahren wieder auf und wurde durch ihn zum bleibenden Merkmal des polnischen Nationalismus.

So betrachtet, ist in der Tat die Verbindung von Polen- und Judentum tiefer und intensiver, als es je die Beziehung zwischen den Juden und Deutschen war, obgleich sich die Juden Deutschlands, anders als jene Polens, kulturell fast restlos an ihre nichtjüdische Heimat anglichen. Und so betrachtet, wäre auch längst eine versöhnende Geste zwischen Juden und Polen fällig.

Nur: Wer soll da wem die Hand reichen? Die polnischen Juden gibt es nicht mehr, und zu ihrer Ausrottung haben nur allzu viele Polen aktiv beigetragen. Ähnlich radikal haben in den besetzten Ländern Europas weiter westlich sonst nur noch die Franzosen bei der »Endlösung« der Judenfrage mitgeholfen. Es ist auch kein Zufall, daß so viele Polen, die den Juden geholfen hatten, mit ihnen zusammen den Märtyrertod erlitten: Es wurden ihrer eben allzu viele durch ihre eigenen Landsleute an die Nazibesatzer verraten. Und nicht grundlos haben auch marxistische

Juden Polens, die im In- oder Ausland die Nazijahre überlebten, inzwischen ihre polnische Heimat verlassen: Ihnen schlug nichts als Haß entgegen. Der Schriftsteller Ephraim Sevela, sowjetisch-jüdischer Emigrant, erzählt in einem seiner Bücher die groteske Geschichte eines unglücklichen alten polnischen Säufers, der sich als Bettler in der »Allee der Gerechten« beim Holocaustdenkmal »Jad-waschem« in Jerusalem herumtreibt und allen Touristen sein Leid klagt: Er hatte in den Nazijahren seine jüdische Braut und ihre Eltern unter Lebensgefahr bei sich versteckt, wofür er nach Kriegsende von der Regierung Israels eingeladen wurde. Ihm zu Ehren wurde in der »Allee der Gerechten« ein Bäumchen gepflanzt. Bei seiner Heimkehr verlor er aber eben deshalb seine Stellung und bekam auch keine neue Arbeit. Es blieb ihm nichts übrig, als nach Israel auszuwandern, was für ihn Einsamkeit und Exil bedeutete ...

Für eine Versöhnung zwischen Polen und Juden fehlen heute auf beiden Seiten weitgehend die Partner. Was bleibt, ist das faszinierende Kuriosum, daß, obgleich es eine kulturelle Symbiose zwischen Polen und Juden kaum je gab, trotzdem das polnische Nationalgefühl durch den Frankistensproß Adam Mickiewicz mit rein jüdischem Messianismus durchtränkt wurde und daß Polen aus diesem letztlich rein jüdischen Quell den heroischen Mut zur Resistenz auch in den bittersten Situationen schöpft.

Doch zurück nach Galizien.

Dienstboten und Nachbarn

Heiratete man bei den Juden in den gehobenen Kreisen vorwiegend nach elterlichen Direktiven, so zählte bei den Polen auch in der höchsten Sozialschicht, wiewohl sie nicht minder standesbewußt waren, doch auch die »raison du cœur«. Dies widerspricht nur teilweise unserer Feststellung, daß in traditionsbewußten Kreisen die Partnerwahl in der Ehe nicht ohne weiteres freigegeben ist. Die Polen achteten eben streng darauf, daß ihre Söhne und Töchter nur in einem kleinen geschlossenen Kreis verkehrten und nur mit passenden Partnern zusammenkamen. Innerhalb dieser Grenzen war es also gestattet, sich nach Belieben frei zu verlieben. Zumal hier in Ostgalizien die Polen entweder hohe Beamte oder Gutsbesitzer und folglich nicht auf eine Mitgift der Braut angewiesen waren. Für einen mittellosen jüdischen Kaufmann dagegen konnte der Betrag, den seine Braut mitbrachte, auch einmal die Voraussetzung dazu sein, daß der Mann überhaupt eine Familie gründen und ernähren konnte.

Wenn die Polen aber auch kaum je Geld suchten, so suchten und brauchten sie doch mitunter einen Schwiegervater, der ihnen durch seine Protektion nützen konnte. Das konnte ausnahmsweise einmal tragisch enden. Ein solcher Fall trug sich in Żółkiew zu.

Brauchbare Haushaltshilfen sind heute rarer als Haupttreffer in der Lotterie. Immerhin – ausnahmsweise gibt es sie noch. Restlos ausgestorben dagegen ist eine Erscheinung, die es zur Zeit unserer Großmütter noch ziemlich häufig gab: die Kinderfrau, die ihren Zöglingen ihr ganzes Leben hindurch treu ergeben und eng verbunden blieb. In seinem Roman »Barbara« hat Franz Werfel einer solchen Kinderfrau ein rührendes Denkmal gesetzt. Im Zusammenhang mit einer sehr traurigen polnischen Liebesromanze gedenken aber auch wir zu Hause oft einer solchen Kindermagd.

Ihr Name, Michalina, fällt bei uns, sooft die Rede darauf kommt, ob man die Frauen von Akademikern mit dem Titel ihres Mannes anreden solle oder nicht. Auch Michalina hatte nämlich von ihrem verstorbenen Mann einen Titel geerbt: Pani Direktor. Und das kam so:

Michalina, die Magd

In Żółkiew lebte ein Schuldirektor namens Welk mit seiner jungen, zarten Frau. Sie gebar ein Mädchen und einen Knaben. Nach der zweiten Geburt begann sie zu kränkeln. Von nun an lebten die Kinder ausschließlich unter der Obhut der ruthenischen Kindermagd, der demütigen, arbeitsamen Michalina.

Als die Frau ihr Ende nahen fühlte, rief sie die Magd zu sich und bat: »Ich weiß, daß du im Dorf draußen einen Verlobten hast. Versprich mir dennoch, bei meinen Kindern zu bleiben, wenn ich nicht mehr da bin. Ohne dich sind sie verloren.«

Michalina wurde es schwer ums Herz. Man muß sich das Leben einer Magd in jenen Tagen vorstellen, um zu begreifen, was ihr da zugemutet wurde. Vom Morgengrauen bis zur Dämmerung Wasserholen, Holzhacken, Waschen, Kochen, Putzen, die Kinder bei all den vielen Erkrankungen pflegen. Was hatte sie vom Leben außer der Hoffnung, mit ihren kargen Ersparnissen einen bescheidenen Haushalt mit ihrem künftigen Mann zusammen aufzubauen? Wenn sie nun die Heirat hinausschob, war es wenig wahrscheinlich, daß der Verlobte lange auf sie warten würde. Andererseits aber liebte sie die Kinder und hatte Mitleid mit ihnen. Und also gab sie der sterbenden jungen Mutter ihr Wort. Und nach dem Tode der Frau ging sie zum Direktor und bat ihn, ihrem Bräutigam abzuschreiben. Sie selber hatte nämlich nie eine Schule besucht und konnte folglich weder lesen noch schreiben.

Die Kinder wuchsen heran. Der Junge absolvierte das Gymnasium, um das Mädchen bewarb sich ein galanter hübscher Student. Der künftige Schwiegervater versprach ihm eine Stelle am Gymnasium, sobald er seine Studien beendet hätte.

Doch auch der Direktor selbst hatte keine eiserne Konstitution. Vielleicht hatte ihn auch seine Frau mit der Tuberkulose, damals einer Volksseuche, angesteckt. Auch er erkrankte schwer und fühlte seinen Tod nahen. Und auch er rief Michalina an sein Sterbelager und sagte: »Die Pension, die meiner Familie nach meinem Tode zusteht, würden meine Kinder nur noch kurze Zeit hindurch bekommen. Nachher stehen sie mittellos in der Welt. Ruf also einen Priester herbei, damit er uns beide miteinander verheirate. Dann bekommst du als meine Witwe auch weiterhin mein Gehalt. Und die Kinder, die ohne dich schon lange verloren gewesen wären, haben dann auch weiter bei dir ein Heim.«

Am Sterbelager wurde Michalina mit dem Direktor getraut, und sie blieb bei seinen Kindern. Die neue Würde stieg ihr nicht zu Kopf. Nach wie vor trug sie ihre derbe einfache Bauerntracht. Nur daß sie ihr hübsches buntes Kopftuch jetzt gegen einen abscheulichen, billigen städtischen Hut eintauschte.

Der Junge begann mittlerweile, in Lemberg zu studieren. Michalina schickte ihm soviel Geld, als sie nur immer erübrigen konnte. Dem Mädchen allerdings konnte sie weniger gut helfen. Jener Student, der sich zuvor so ritterlich um die Tochter des Direktors beworben hatte, ließ sich jetzt, da keine schwiegerväterliche Protektion mehr zu erwarten war, überhaupt nicht mehr blicken. Das junge Mädchen konnte sich vor Kummer gar nicht fassen. Wo sie ging und stand, klagte sie: »Er hat doch immer gesagt und sogar geschworen, daß er mich liebt!«

Wäre nun eine energische und vernünftige Mutter dagewesen, so hätte sie ihrer Tochter klargemacht, daß es wahrlich nicht lohnte, einem so berechnenden und verlogenen Menschen nachzutrauern. Aber was verstand schon die arme demütige Michalina davon? Sie weinte und klagte mit dem Mädchen zusammen. Das Leid fraß sich der Tochter immer tiefer ins Herz. Nach einem Jahr starb sie buchstäblich aus Liebeskummer. Michalina sah man von da an nie mehr lachen.

In Altösterreich wurden Titel sehr ernst genommen. Man sprach die Leute nicht nur immer mit dem Titel an, der ihnen allenfalls zustehen mochte; man fügte noch alle möglichen weiteren Titel freigebig hinzu. Zu Michalina sagten die Leute aber nie »Pani Direktor«, sondern einfach »Du«, und sie redeten sie mit ihrem Vornamen an. Nur mein Großvater sagte zu ihr »Sie« und »Pani Direktor«. Und immer unterhielt er sich mit ihr ein wenig auf der Straße. Und wenn die Leute lachten und ihn aufmerksam machten, daß die Person, vor der er seinen Hut tiefer ziehe als vor einer Adelsdame, doch nur eine analphabetische Bauernmagd sei, gab er jeweils zur Antwort: »Ich weiß nicht, ob es im allgemeinen richtig ist, Frauen von Akademikern mit dem Titel ihres Ehemannes anzureden. Michalina jedoch hat eine solche Anrede eher verdient als alle andern, die ich kenne. Denn sie als einzige hat diesen Titel mit ihrem ganzen Lebensglück bezahlt.« –

Die Kinder der schönen Pani Kubisch

Als kleiner heiterer Nachklang auf die traurige Geschichte sei hier eine Episode aus dem Hause meiner Großeltern erzählt, die mit dem Direktor Welk, dem Vater jenes unglücklichen Mädchens, zusammenhing, das vor Liebeskummer starb.

Direktor Welk lebte viele Jahre lang als Witwer. Eine kurze Zeit hindurch hatte er ein Liebesverhältnis mit jener wunderschönen und resoluten Pani Kubisch, die dann später mit ihrer Familie zusammen in das Haus meiner Großeltern einzog. Sie war zwar verliebter Natur, lobte aber immer wieder den jüdischen Brauch, Kinder früh und nach elterlicher Partnerwahl zu verheiraten. Achselzuckend meinte sie: »Wie lange hält schon eine noch so große Liebe vor?« – Und dann erzählte sie ausführlich, was für glänzende Partien sich ihr in der Jugend geboten hätten; sie aber habe sich in Kubisch verliebt, weil er, musikalisch und glutäugig wie ein Zigeuner, unter ihrem Fenster so rührende Liebeslieder gespielt und gesungen habe. Ja – und dann sitze man für das ganze Leben mit so einem langweiligen Menschen fest...

Man konnte allerdings nicht behaupten, daß sie unter Langweile allzusehr gelitten hätte. Kubisch war Schuldirektor, wenn auch in einem andern Gebäude als Welk. Er war also zu festen Stunden außer Haus. In dieser Zeit konnte Pani Kubisch ungestört ihre Liebhaber empfangen, die sie mit viel Geschmack unter den Honoratioren der Stadt auswählte. Einer von ihnen war der bereits erwähnte Berufskollege ihres Mannes, der Direktor Welk. Ein anderer war Doktor Muszket, der Hausarzt der Familie, ebenfalls Witwer, der nicht wieder geheiratet hatte, weil er seinen Kindern keine Stiefmutter geben wollte.

Muszket war ein hervorragender Arzt. Konsultierte eine der hypochondrischen jüdischen Damen aus Żółkiew in Lemberg einen Medizinprofessor, so mußte sie ihm verschweigen, aus welchem Ort sie kam. Sonst wurde sie von dem Professor mit der Erklärung hinausgeworfen: »Wo es einen Muszket gibt, braucht man keine Professoren. Mehr als er kann keiner von uns hier in Lemberg!« Niemand wußte, weshalb ein so großartiger Arzt sich ausgerechnet in Żółkiew niedergelassen hatte. Vielleicht hielten ihn die herrlichen Hügel und Wälder der Umgebung hier fest. Seine Frau war, genau wie jene des Direktors Welk, an Tuberkulose gestorben, und seine beiden Töchter hatten die zarte Konstitution der Mutter geerbt. Hitze und Staub einer Großstadt schienen ihm für die beiden Mädchen wohl zu gefährlich.

Ahnte Kubisch nichts von den Seitensprüngen seiner schönen Frau? Vermutlich doch. Manchmal versuchte er auch, mit ihr davon zu sprechen. Aber er war alles andere als wortgewandt, zudem begann er bei jeder Aufregung fürchterlich zu stottern. Sobald seine Frau merkte, daß er sich anschickte, seinen Verdacht gegen sie zu artikulieren, fuhr sie resolut und zornig über ihn her, sie habe ganz genau gemerkt, wie er soeben mit Marinka, dem Dienstmädchen, heimliche Blicke gewechselt habe. Und ehe der unschuldige Mann, der vor Entrüstung und Überraschung natürlich erst recht ins Stottern geriet, die Vorwürfe zurückweisen konnte, rauschte seine Frau zur Tür hinaus.

Als die Familie Kubisch einzog, ging der Großvater als Hausherr zu ihr hinüber, um sie zu begrüßen. Der Direktor war gerade in der Schule, Pani Kubisch jedoch war eben daran, das Geschirr in die Kästen einzuräumen. Auf dem Boden krabbelten fünf niedliche kleine Kinderchen herum, das kleinste etwa zwei, das älteste gegen sechs Jahre alt. Mein Großvater schaute wohlwollend auf die spielende kleine Schar herunter. Die Kinder sahen sehr verschieden aus.

Das größte Mädchen und der einzige Junge hatten die glühenden schwarzen Augen, die dunklen Locken und die ausgeprägte Nase des Direktors Kubisch, und der Knabe stotterte auch, genau wie sein Vater. Von den andern drei Mädchen hatte eines die lustige breite slawische Nase des Direktors Welk und die beiden andern die vollendeten klassischen Gesichtszüge und schönen blauen Augen des Doktors Muszket, die er auch seinen beiden legalen, inzwischen verheirateten Töchtern vererbt hatte.

Großvater unterhielt sich angeregt mit der klugen, energischen Frau. Doch plötzlich unterbrach er das Gespräch, und indem er auf die einzelnen Kinderchen deutete, begann er mit einem leisen Lachen in Mund- und Augenwinkeln: »Kubisch – Muszket – Welk – Muszket – Kubisch.« Pani Kubisch schaute ihn einen Augenblick lang verdutzt an, dann trommelte sie ihm zornig und lachend auf den Rücken und schob ihn zur Tür hinaus. –

Liebesromanzen

Die polnische Liebesromantik griff aber in neuerer Zeit auch auf die Juden über. Mein Onkel Elias, der später in Stanislawów als Arzt praktizierte und dort von den Nazis erschossen wurde, verliebte sich zehnjährig in die gleichaltrige Klara Stein. Sie war sehr niedlich, hatte rosige Wangen und kirschenschwarze Augen. Ihr dichtes dunkles Haar war mit einer riesigen roten Seidenschleife hoch über dem Scheitel zusammengehalten.

Elias und Klara

Elias war bereits Gymnasiast. Die eleganten dunkelblauen Schuluniformen ließ Großvater für seine Söhne immer beim besten Offiziersschneider der Stadt anfertigen. Auf dem steifen Stehkragen hatte Elias, da er erst in die unterste Klasse ging, einen einzigen Silberstreifen. Jedes Jahr kam ein weiterer Streifen hinzu, mehr als vier hatten auf dem Kragen aber keinen Platz, weshalb die Knaben von der vierten bis zur achten Klasse dann Goldstreifen trugen. Zu seiner Uniform trug Elias bei jedem Wetter eine elegante wehende Pelerine aus dem gleichen dunkelblauen Stoff.

Nachdem er sich verliebt hatte, legte er sich eine Bandura zu, ein ukrainisches Zupfinstrument, das er unter seinem Cape verbarg, wenn er am frühen Abend durch die Straßen der Stadt zum Haus der Angebeteten eilte. Vor ihrem Fenster stellte er sich dann in den dunklen Baumschatten und sang und spielte ruthenische Liebeslieder, die er – mit Recht – wehmütiger und herzergreifender fand als die der Polen. Bald schob sich oben am Fenster der Vorhang leicht beiseite, und durch den Spalt schaute Klara huldvoll auf ihren Verehrer herab und nickte ihm gnädig zu. Schließlich winkte sie ihm und gab ihm zu verstehen, er möge zu ihr heraufkommen.

Der Baum, in dessen Schatten Elias auf der Straße draußen gesungen hatte, stand am Rand des kleinen Vorgärtchens. Elias trat ein paar Schritte zurück, nahm einen Anlauf, setzte mit einem hohen Sprung über den Gartenzaun hinüber und eilte ins Haus.

Ganz zufällig hatte meine Mutter, die sonst um diese Dämmerstunde nur noch selten außer Haus war, eine solche Szene mit angesehen. Als ihr Bruder später heimkam, fragte sie ihn verwundert: »Warum bist du nicht einfach durchs offene Gartentor hineingegangen?« – Elias aber erklärte stolz: »Davon verstehst du nichts! So ist es doch viel romantischer!«

Die beiden Verliebten korrespondierten auch miteinander, obwohl sie einander täglich mehrmals sahen. Bei einem Buchhändler hatte Elias einen dicken polnischen Liebesbriefsteller entdeckt, aus dem er zunächst den ersten Brief abschrieb und an Klara abschickte. Klara, die beim selben Buchhändler verkehrte, erwarb ein Exemplar desselben nützlichen

Werkes und antwortete mit Brief Numero zwei. Das Buch war dick genug, ein volles Jahr lang tägliche Briefe zu ermöglichen.

Zu Beginn des Ersten Weltkrieges war Elias erst fünfzehn Jahre alt. Zur Armee wurde er erst im letzten Kriegsjahr nach einer »Notmatura« als Einjährig-Freiwilliger eingezogen. Er kam an die italienische Front. Vorher aber brach kurz nach dem Abzug der russischen Armee, unmittelbar nach dem Einmarsch der deutschen Truppen, in Żółkiew die Cholera aus. Sie forderte viele Opfer. Auch Elias erkrankte, und man wußte nicht, ob er lebendig davonkommen würde. Er selber glaubte sich jedenfalls seinem Ende nahe. Gefaßt und ruhig rief er die Eltern ans Bett, verriet ihnen, wo er die Liebesbriefe Klaras versteckt hatte, und bat, man möge sie sofort alle verbrennen, »um Klara nicht zu kompromittieren«.

Die beiden liebten sich ihr ganzes Leben lang, heirateten aber einander dennoch nicht. Denn nach dem Krieg hatte Großvater sein Vermögen verloren und war zu seiner Tochter in die Schweiz verzogen. Elias folgte seinen Eltern nach, schlug sich mit knappsten Mitteln in Basel durchs medizinische Studium und arbeitete gegen ein minimales Gehalt an Spitälern. Es war unsicher, wann er würde heiraten können. Inzwischen bedrängten die Eltern das Mädchen, einen ihrer zahlreichen Verehrer zu erhören und zu heiraten. Sie gab schließlich nach, wenn auch nur ungern und nach langem Zögern.

Später sahen sich die beiden noch ein einziges Mal wieder. Damals war er bereits Facharzt, aber nach wie vor ohne Praxis und Existenz. Sie ihrerseits hatte bereits zwei kleine Söhne. Heimlich trafen sie sich in Karlsbad. Sie hatten das Pech, von einem gemeinsamen Bekannten aus Żółkiew gesehen zu werden. Klara lief ihm nach und bat ihn mit Tränen in den Augen, daheim niemandem etwas zu sagen. Der Mann, der die beiden von klein auf gekannt hatte und von der Romanze zwischen ihnen wußte, hatte Mitleid, gab sein Wort und schwieg.

Auch Klara starb während der Hitlerbesatzung, genau wie Elias. Einige hundert Frauen und Kinder wurden von den SS-Leuten auf dem jüdischen Friedhof zusammengetrieben und dort erschossen und in einem Massengrab verscharrt. Unter ihnen war auch Klara mit ihren Knaben.

Die Stelle des Massengrabes kennt heute keiner mehr. Denn kurz darauf ließen die deutschen Besatzungsbehörden alle Grabsteine des herrlichen alten Friedhofs herausreißen und zertrümmern. Zwar schlichen sich die Nacht darauf zwei jüdische Ingenieure in den Friedhof ein, die fast durch ein Wunder bis zu diesem Augenblick überlebt hatten – die Akademiker wurden ja im allgemeinen als erste liquidiert –, und sie notierten aus dem Gedächtnis, so gut sie konnten, den Standort der einzelnen Gräber auf, die zum Teil dreihundert Jahre alt waren. Dann aber wurden auch sie beide deportiert, und die Notizen gingen verloren. Heute ist Żółkiew – jetzt ukrainisch Żółkwa genannt – eine judenreine Stadt. Vermutlich wissen die neuen Einwohner des Ortes nicht einmal mehr, wo einst der jüdische Friedhof mit seiner dicken hohen Mauer ringsum gelegen hat ...

Zu einem Zeitpunkt aber, da Elias noch lebte, in den dreißiger Jahren nämlich, trug sich bei uns in St. Gallen folgendes zu: Eines Tages meldete sich bei uns ein armselig gekleideter, magerer jüdischer Bursche und wollte Hersch Gottesmann sprechen. Er wolle – so erzählte er – nach Amerika auswandern, müsse aber zu diesem Zweck beim amerikanischen Konsulat seinen Geburtsort glaubhaft nachweisen. Die entsprechenden Dokumente seien ihm abhanden gekommen, da aber Hersch Gottesmann ebenfalls aus Żółkiew stamme, könne er doch sicher die nötigen Angaben beim Konsulat bestätigen. Großvater, sonst sehr gefällig, zögerte. – »Ich kenne Euch nicht«, gab er zu bedenken. – Das wunderte den Burschen nicht weiter. »Wie solltet Ihr mich kennen?« meinte er, »Ihr, der reiche und angesehene Hersch Gottesmann? Ich war doch nur ein armer Waisenknabe, den niemand beachtete.«

Der junge Mann tat Großvater leid. Andererseits konnte er doch mit dem besten Willen nicht beglaubigen, was er nicht wußte. Dann aber kam ihm eine Idee. »Gebt mir ein untrügliches Zeichen dafür, daß Ihr ein Żółkwer seid!« schlug er vor. – Der Bursche dachte nach, plötzlich lachte er auf und erzählte: »Einmal ging ich an Eurem Haus vorbei. Das Fenster stand offen, und drin saßen auf einem Sofa ein Junge und ein Mädchen. Sie naschten Pralinen und sprachen davon, daß die ältere Schwester des Jungen, Regine, nach Stryj zu ihrer Hochzeit gefahren sei, und daß sie beide das Haus hüten müßten. Die beiden waren Elko und Klara ...«

Auch Großvater lachte, nahm seinen Überzieher vom

Haken und ging mit dem strahlenden jungen Mann zusammen zum Konsulat. Er brachte ihn dann zum Mittagessen mit nach Hause und gab ihm einen kleinen Zuschuß zu seiner Reise. An jenem Tag sprach man bei uns von nichts anderem als von der großen Liebe zwischen Elias und Klara. –

Enttäuschung

Es gab aber in Galizien natürlich auch Liebesgeschichten, die weniger tragisch verliefen. An eine denken wir noch heute erheitert zurück. Sie illustriert ein Gefühl für Standesunterschiede, das es selbst im Mittelalter in dieser Form wohl kaum gegeben hat:

Zu meinem Vater kam ein hübscher junger ruthenischer Bauer und erzählte, sie hätten jetzt im Dorf eine Schule. Das Fräulein Lehrerin, wiewohl Polin, mache ihm schöne Augen. Er fühlte sich geschmeichelt und geehrt.

Wenig später kam er wieder, diesmal enttäuscht und tief nachdenklich. Die Lehrerin hatte ihm inzwischen ihre Gunst gewährt. »Ich dachte«, sagte er, »eine Lehrerin und obendrein Polin, das müsse etwas ganz Ungewöhnliches sein. Aber stellen Sie sich vor – es war mit ihr genau dasselbe wie mit unsern Bauernmädchen!« Der Bauer hatte also allen Ernstes angenommen, Standesunterschiede müßten sich auch physisch auswirken.

Die scharfsinnigen
Gottesmanns

Die Gottesmanns zeichneten sich im allgemeinen durch Scharfsinn und Nüchternheit aus. Großvater, der sehr weichherzig und gutmütig war, glich mehr seiner mütterlichen Familie, den Jäckels. Das schlug sich auch in seinem Verhalten zu unsern Flurnachbarn in Żółkiew nieder, zur Familie des Direktors Kubisch. Zwischen seiner schönen Frau und dem Großvater herrschte auch späterhin jene lustige Mischung aus Zank, Zorn und guter Laune, in welcher sie sich am ersten Tag voneinander getrennt hatten, nachdem Großvater alle Väter der Kinder aus dem Aussehen der Kleinen erraten hatte.

Das Klangduell

An jüdischen Feiertagen im Sommer kam es regelmäßig zu ähnlich lustigen Konflikten. Die Villa war zwar groß und luftig gebaut – ein Gutsherr hatte sie ursprünglich für seine kurzen Aufenthalte in der Stadt erstellen lassen –, aber an heißen Sommertagen spürte man die schwere kontinentale Hitze dennoch in allen Räumen. Am Abend ließ man daher die Zimmertüren gern weit offen, und etliche von ihnen mündeten direkt auf den breiten Durchgang zwischen den beiden Wohnungen. Manchmal deckte man auch den Tisch auf der großen Holzveranda über dem Garten. Das taten beide Parteien auch an Feiertagen. Man kannte ja gegenseitig alle religiösen Bräuche und hatte keinen Grund, sie voreinander geheimzuhalten.

Nun zeichneten sich jüdische Festtage nicht nur durch treffliche Spezialitäten aus, von denen die Kubisch jeweils mit Vergnügen kosteten, sondern auch durch ein auffälliges Festritual: Gebete und Segenssprüche werden von den Männern der Familie laut gesungen.

Die Melodien sind im allgemeinen wehmütig-orientalisch. Indes sind sie nicht ganz festgelegt. Berühmte Chasanim – Kantoren – erfanden oft neue Weisen im alten Stil hinzu, die sich manchmal verblüffend rasch in der Gemeinde oder sogar weit über sie hinaus verbreiteten.

Die orientalischen Klangfolgen waren aber keineswegs obligatorisch. Ein jüdischer Humorist berichtet in einem seiner Bücher aus seiner Heimatgemeinde in Ostdeutschland, daß der dortige Chasen einmal seinen studierenden Sohn in der nahen Universitätsstadt besuchte. Der junge Mann nahm den Vater zu einem studentischen Kommers mit. Dem alten Herrn gefielen die Lieder der Studenten ganz ausnehmend, und da er musikalisch war, merkte er sich alle Melodien. Nach seiner Heimkehr intonierte er das Sabbatgebet nicht mehr, wie bisher, in langgezogenen melancholischen Tönen, sondern im flotten Rhythmus des Liedes »Es ritten drei Reiter zum Tore hinaus« – mit dem Erfolg, daß die Gemeinde, die das

Lied ebenfalls kannte, nicht mit »Amen« responsierte, sondern mit einem dreifachen jubelnden »Hurra, hurra, hurra!«

Großvater jedoch sang alte orientalische Weisen. Er sang sie recht hübsch, aber doch nicht schön genug, um den hochmusikalischen Direktor Kubisch zu entzücken. Auch Pani Kubisch genoß den Gesangsvortrag meines Großvater nicht. Zornig schrie sie zu ihm hinüber: »Panie Gottesmann! Schrei der Herr nicht so!« Großvater lachte und sang doppelt so laut weiter. Pan Kubisch hörte sich das Wort- und Klangduell zwischen seiner Frau und seinem Flurnachbarn schweigend an, und sein kleiner dunkler Schnurrbart zitterte von verhaltenem Lachen. Vielleicht war sogar dieses stille Vergnügen des Nachbarn mit ein Grund, weshalb Großvater den lustigen Zank an jedem sommerlichen Festtag wiederholte. Er kannte Kubischs heimlichen Kummer mit der Frau, die er nach wie vor liebte, wiewohl sie ihn betrog. Er gönnte dem Nachbarn das bißchen Freude.

Großvater provozierte Kubischs stilles Vergnügen auch bei andern Gelegenheiten. Großvaters Muttersprache war Jiddisch. Polnisch sprach er zwar geläufig, aber manchmal unterlief ihm ein kleiner Fehler. Kubisch, philologisch geschult, merkte es natürlich immer, und sein Schnurrbart zuckte vor Vergnügen. Nachdem Großvater dies einmal festgestellt hatte, durchsetzte er seine Rede immer bewußt mit fehlerhaften Wendungen, um den Nachbarn aufzuheitern ...

Einmal aber kam Großvaters Vater, Rabbi Osias, zu seinem Sohn auf Besuch und erlebte eine solche Gesang- und Zankszene mit. Auch er lachte, dann aber legte er seinem Sohn die Hand beschwichtigend auf den Arm und sagte:»Sie hat doch ganz recht, wozu schreist du so?«

Die verzauberte Wachtmeisterin

Die Kubischs kannten sich in jüdischen Bräuchen aus, wie alle Christen Ostgaliziens. Wie wenig selbstverständlich das war, merkten die Großeltern in den letzten Kriegsjahren. Damals war das Ehepaar Kubisch bereits an Cholera gestorben, und in der Wohnung saß ein österreichischer Wachtmeister mit seiner Familie. Er selbst stammte aus einem slawischen Randgebiet des Landes und hatte immer mit Juden Kontakt gehabt. Anders seine Frau. Sie kam aus Wiener Neustadt und aus einem rein katholischen Milieu.
Es waren gerade die Ostertage. Am Vorabend des Festes pflegen fromme Juden sorgfältig die letzten Reste von gesäuertem Brot aus der Wohnung wegzuräumen. Sie schließen die Prozedur mit einem symbolischen Akt ab: Absichtlich legen sie in verschiedene Ecken der Wohnung kleine Stücke Brot, die sie dann mit einem Holzlöffel und einem kleinen Federwisch einsammeln und mit dem Gerät zusammen verbrennen. Dabei sprechen sie einen Segensspruch.
An einem solchen österlichen Vorabend hatte Großvater also die Brotreste in der üblichen rituellen Form eingesammelt und sah sich jetzt nach einem

Feuer um, in welches er die paar Sachen hineinwer-
fen konnte. In der eigenen Küche war die Herd-
flamme aber zufällig ausgegangen. Also spazierte er
durch die offene Tür in die Küche des Nachbarn hinein, murmelte dort den Segen und warf Holzlöffel,
Federwisch und Brotbrocken in die Flammen.
Die Frau des Wachtmeisters erstarrte vor Entsetzen.
Großvater beachtete es nicht, grüßte und ging hinaus. Sie gab auf seinen Gruß keine Antwort ...
Am Abend kam ihr Mann zu uns herüber und erzählte lachend, seine Frau liege in Weinkrämpfen. Sie
sei überzeugt, Großvater habe sie mit der unheimlichen Prozedur verzaubern wollen. Der Wachtmeister
selber wußte zum Glück besser Bescheid. Mit Mühe
hatte er seine Frau beschwichtigt.

Sprachschwierigkeiten

Daß Großvater nicht einwandfrei Polnisch sprach,
war nicht weiter verwunderlich. Zwar hatte er neben
der hebräischen auch eine polnische Schule besucht,
seine Geistesbildung speiste sich aber nur aus dem
hebräischen und aramäischen Schrifttum. Polnisch
las er wenig und schrieb höchstens Geschäftsbriefe
an Polen. Je nach der nationalen Zugehörigkeit eines
Kunden korrespondierte er mit ihm aber außer in
Polnisch auch in Ruthenisch, Jiddisch, Deutsch und,
wenn es sich um einen religiös gebildeten Juden handelte, auch in Hebräisch.
Tatsächlich beherrschten die meisten Ostjuden damals eine ganze Reihe von Sprachen. Ältere Men-

schen sprachen vorwiegend Jiddisch, im Umgang mit ihren Kindern bedienten sie sich aber auch der einen oder andern nichtjüdischen Landessprache. Manche Juden entwickelten auch ein hochoriginelles sprachliches Standesgefühl: Zur Katze, die man in jeder Bauernhütte antraf, redeten sie ruthenisch; den Hund dagegen, den man oft an der Seite des jagenden polnischen Gutsherrn sah, sprachen sie respektvoll auf polnisch an.

Aus chassidischem Umkreis gab es aber auch Juden, die neben Hebräisch und Aramäisch nur Jiddisch beherrschten. Ein solcher Jude ging einmal mit meinem Großvater zusammen zu einer politischen Wahlversammlung. Der Redner, ebenfalls Jude, sprach Polnisch, obwohl seine sämtlichen Zuhörer Jiddisch verstanden.

Der Chassid zupfte meinen Großvater schüchtern am Ärmel und fragte: »Ich kann ihn nicht verstehen, Reb' Gottesmann, bitte übersetzt mir, was er gesagt hat?« – »Wozu«, gab Großvater vergnügt zur Antwort, »Ihr kennt doch den Mann und wißt, was für Blödsinn er auf Jiddisch zu reden pflegt. Da könnt Ihr Euch doch selber ungefähr vorstellen, was er auf Polnisch imstande ist zu sagen.« –

Der weise Rabbi

Großvaters Vater Osias hatte nur kurze Zeit hindurch als Rabbiner amtiert. Die Streitereien der Gemeinde waren ihm lästig, und da er reich genug war, um als Privatgelehrter zu leben, gab er sein Rabbinatsamt bald wieder ab. Aus der Zeit aber, da er es noch innehatte, erzählte man sich von ihm folgende Geschichte:

Zu ihm kam eine abgehärmte und abgerissene arme Jüdin. Sie klagte bitter über ihren Mann und verlangte die Scheidung. Nun pflegt ein Rabbiner, wenn nicht gravierende Scheidungsgründe vorliegen, die klagende Partei zu beschwichtigen und ihr das Vorhaben auszureden. Rabbi Osias jedoch hörte sich die nichtssagenden Anklagen und Vorwürfe der Frau gegen ihren Mann schweigend an. Dann gab er ihr zehn Gulden und schickte sie nach Hause.

Bei dem Auftritt war ein Enkel von Rabbi Osias zugegen, der die Rechte studierte. Er wunderte sich und warf seinem Großvater vor: »Sie hat doch kein Geld verlangt, sondern die Scheidung!« – Rabbi Osias aber gab zur Antwort: »Wo hast du deine Augen? Hast du nicht gesehen, wie armselig und ausgehungert die Frau aussah? Vermutlich bringt ihr Mann nicht einmal genug Geld nach Hause, um für die Kinder ein trockenes Stück Brot zu kaufen. Das stimmt sie bitter gegen ihn, wiewohl er nichts dafür kann. Mit den paar Gulden wird sie für den Sabbat ein anständiges Mahl richten können. Wenn ihre Kinder satt sind, wirst du sehen, wie gut ihr armer Mann ihr dann plötzlich wieder gefällt.« – Und tatsächlich kam die Jüdin kein zweites Mal, obwohl die paar Gulden sicher bald verbraucht waren. Sie begriff jetzt aber dank dem Geldgeschenk des Rabbis, aus welchen Motiven ihr Unmut gegen den Mann in Wirklichkeit gespeist war.

Vaterstolz

Rabbi Osias war auch frei von der typisch ostjüdischen Gewohnheit, den eigenen Nachwuchs zu vergöttern. Vielleicht ist diese Unsitte aus dem Gefühl und dem Wissen der meisten jüdischen Eltern zu erklären, daß ihre Kinder in einer feindlichen Umwelt dauernd gefährdet sind und folglich mehr Schutz und Liebe brauchen als jene anderer Völker.

Rabbi Osias, wiewohl ein liebevoller Vater, hielt sich dennoch von jedem lächerlichen Vorurteil zugunsten seiner Sprößlinge frei. Das bekam sein Sohn Hersch zu spüren, als er bei der Geburt seines Töchterchens an seinen Vater begeistert schrieb: »Ich habe eine Tochter bekommen – eine Weltschönheit!« –

Zufällig war Regine wirklich ein sehr schönes Kind, und sie wurde später auch eine auffallend hübsche junge Frau. Rabbi Osias schrieb aber kühl zurück: »Wem sieht sie ähnlich – Dir oder Deiner Frau?«

Brüderliche Schachzüge

Urgroßvater Osias amtierte zwar nicht als Rabbiner, verzichtete aber nicht restlos auf jeden Broterwerb. Mitunter wickelte er ein größeres Geschäft ab. Einmal zog er hierbei seinen Bruder als Kompagnon zu. Dabei kam es zwischen den Brüdern zu einem Streit, den aber Osias rasch und energisch unterbrach. Er hob beide Hände in die Höhe und sagte streng: »Still! Wir sind Brüder! Wir werden uns nicht streiten. Es gibt einen besseren Ausweg. Du hast einen Sohn, ich eine Tochter. Wir werden die beiden miteinander verheiraten, dann sind sie gemeinsam Erben, und es ist gleichgültig, wer von uns beiden jetzt den strittigen Betrag einkassiert.«

So geschah es denn auch. Das junge Paar wurde sehr glücklich. Und dank dem verdoppelten Intelligenzpotential der Gottesmanns kam dessen einziger Sohn ausnehmend klug heraus. Rabbiner wollte er dennoch nicht werden, sondern an einer westlichen Universität studieren. Das aber war damals in frommen Familien Osteuropas noch nicht selbstverständlich. So geschah es denn, daß ein chassidischer Jude meinen Urgroßvater auf der Straße zur Rede stellte: »Wie könnt Ihr dulden, daß Euer Enkel studiert?«

Osias aber ließ sich nicht aus der Ruhe bringen. – »Wieso mein Enkel? Es ist doch der Enkel meines Bruders!« gab er kühl zur Antwort. Und ehe der Chassid sich darüber klargeworden war, daß ja die beiden Brüder ihre Kinder miteinander vermählt und deren Nachkommen folglich miteinander identisch waren, war Osias entkommen.

In lebenswichtigen Dingen – wie etwa in der Frage, ob einer aus der Familie an einer Universität studieren sollte – fällten beide Brüder ihre Entscheide sehr eigenwillig und ohne viel Rücksicht auf den allgemeinen Brauch. Gerade in Bagatellfragen aber, bei denen nichts Wesentliches auf dem Spiel stand, beachteten sie auch unwichtige Talmudgesetze. Eines davon verbietet zum Beispiel dem Manne, sich mit einer fremden Frau allein in einem Raum aufzuhalten. Schon für Vetter und Cousine gilt das Verbot, und ich weiß sogar von einer Ehe, die nur dieses Talmudgesetzes wegen zustande kam:

Heirat nach Talmud

Das war im Ersten Weltkrieg, ein Vetter hatte seine Base auf die Flucht mitgenommen, unterwegs aber fanden sie in der überfüllten Herberge nur ein einziges Zimmer. »Was fangen wir da bloß an?« jammerte der Vetter. Dann aber fand er die Lösung. Er rief die Wirtsleute herbei, lieh sich von ihnen einen Trauring, vor ihnen als Zeugen sprach er die hebräische Trauformel »Harej at mekudeschet li ...« (siehe, du bist mir geheiligt ...) und zog der Base den Ring an. Jetzt konnten sie gemeinsam in einem Raum übernachten. Sie ließen sich aber auch später nicht scheiden, obwohl das talmudische Recht bei gegenseitigem Einverständnis die Scheidung sehr erleichtert.

Der wählerische Großvater

An das Verbot, mit einer fremden Frau zusammen in einem Raum allein zu weilen, hielt sich Urgroßvater Osias bereitwillig. Als er nun zur Hochzeit seiner Enkelin Regine nach Stryj kam, wo für die Feier ein ganzes Hotel gemietet worden war, traten alle ehrerbietig zur Seite, um ihm den Vortritt in den Hotellift zu lassen. Osias war zu diesem Zeitpunkt schon lange Witwer. Seine Frau, von deren blonden Flechten er auch jetzt noch schwärmte und erzählte, war buchstäblich aus Kummer gestorben. Als sie nämlich einmal zur Hochzeit ihrer Schwester fuhr, blieb ihr jüngstes Kind in der Obhut einer dummen Kindermagd, die es zu sich ins Bett nahm und im Schlaf erdrückte. Der Kummer hierüber brach der Mutter das Herz.

Der Lift war nicht mehr leer. Drin stand die verwitwete Mutter meines Vaters, eine fromme alte Frau. Nachdem sich Rabbi Osias aber überzeugt hatte, daß in dem Lift nur zwei Personen Platz finden konnten, weigerte er sich, bei der alten Dame zuzusteigen.

Die Enkel, die den Grund natürlich kannten, witzelten albern:»Großvater, weshalb wolltest du mit der braven alten Dame nicht zusammen hinauffahren?«

Wenn sie aber geglaubt hatten, ihr Großvater werde jetzt anfangen, ganz verlegen etwas von Talmudgesetzen zu munkeln, so kannten sie ihn schlecht. Um seine Antwort zu begreifen, muß man wissen, daß damals ein brünetter Teint bei Mädchen als Schönheitsfehler galt. Vaters Mutter aber hatte ein ziemlich dunkles Gesicht, das sie auch allen fünf Töchtern vererbte. Man hatte nicht schlecht Mühe, die mit einem solchen Makel behafteten Mädchen, noch obendrein ohne hohe Mitgift, an den Mann zu bringen!

Rabbi Osias also zog seine Enkel beiseite und flüsterte ihnen ins Ohr:»Sie gefällt mir nicht. Sie ist schwarz!« – Der kleine Vorfall war typisch für ihn. Er gab sich in seinen Worten gern »aufgeklärter« als in seinen Taten.

Galizische Jungintellektuelle

Sein Bruder Meschulam hatte den gleichen trockenen Humor. Hiervon wurde mein Vater Zeuge, als er ihn bei Kriegsbeginn auf seiner Flucht in die Schweiz in Wien aufsuchte, wohin Meschulam mit seiner Familie zusammen vor den Russen ausgewichen war. Im gleichen Raum waren auch zwei Großneffen Meschulams zugegen, beide Studenten der Rechte. Sie dünkten sich, wie alle Jungintellektuellen bis auf den heutigen Tag, sehr gescheit und politisch bewandert. Im Augenblick unterhielten sie sich über die Großtaten der habsburgischen Armee, die nach der Meinung der beiden sehr bald zu erwarten waren. Die Russen marschierten damals gerade auf die galizische Festung Przemysl zu, über deren Bedeutung sich Freund und Feind gleichermaßen im klaren waren, und sangen:

»Solange wir Przemysl nicht haben –
Ist Galizien nicht unser ...«

Damals also gehörte Przemysl noch den Österreichern. Und die beiden Studenten, die kurz vor ihrer Einberufung zur Truppe standen, ereiferten sich über die taktischen Möglichkeiten der eigenen Armeen, denen jene der Russen niemals gewachsen sein würden.

Ihr Onkel Meschulam war die ganze Zeit über schweigsam im Zimmer auf und ab gegangen, die Arme auf dem Rücken verschränkt, das Haupt sorgenvoll niedergebeugt. Er mischte sich in die Debatte der jungen Leute nicht ein. Aber einmal blieb er einen Augenblick lang neben meinem Vater stehen,

der ebenfalls schweigend zugehört hatte, und sagte zu ihm: »Wie gefallen dir meine ›Chachomim‹ (Weisen)? Die Russen werden natürlich mit Pflaumen zurück-schießen ...«
Übrigens fiel die Festung Przemysl überraschend schnell. Schuld war nicht eine unfähige militärische Leitung, sondern ganovische Heereslieferanten, die zwar dem Staat die bestellten Waffen und Lebensmit-telvorräte immer voll berechnet, jedoch nur einen Bruchteil geliefert hatten. Korruption und Schlampe-rei dieser Art gab es nicht nur in Przemysl: Ein ande-rer Lump hatte der Armee Stiefel mit Sohlen aus Karton statt aus Leder geliefert. Hunderte Soldaten an der russischen Front gingen im russischen Winter daran zugrunde. Immerhin wurde dieser eine Liefe-rant aufgespürt und erschossen.

Traurige Lieder

Übrigens waren die erwähnten Stegreifverse nicht die einzigen, die die Russen nach alten Mollmelodien während des Marsches sangen. Schon bei ihrem Ein-marsch hatten sie ein Lied mitgebracht:
»Belgien, Belgien, leid tust du mir!
Die deutschen Teufel haben dich zerschlagen!«
Das sangen sie aber nicht etwa wehmütig und melan-cholisch, sondern wild und rachelustig.
Auch die Ruthenen Altösterreichs, die ja nicht min-der musikalisch waren als ihre ukrainischen Brüder jenseits der russischen Grenze, hatten ihre Kriegslie-der. Sie unterschieden sich aber von jenen der Rus-

sen. Die Texte kommentierten nicht die Kriegslage, sondern drückten nur zeitloses Leid der Gedrückten und Gedemütigten aus. Während der Märsche sangen sie schwermütig immer wieder die Verse:

»Die Kinder – daheim. Das Frauchen – daheim.

Iwan – ganz allein im Krieg!«

Noch trauriger war ein zweites Lied, das sie abends in der Kaserne anstimmten. Sie sangen natürlich ruthenisch. Die deutschen Worte »Halt, wer da!« stachen hart aus der weichen slawischen Sprachmelodie heraus:

»Einmal stand ich auf Wache,

Da packte mich ein solches Entsetzen,

Daß ich schier zusammenbrach.

Halt, wer da! Marischia!

Du meine Marischia!

Hast dem Freund was bringen wollen

Und bist selbst ins Unglück geraten!«

Mit andern Worten: Der Soldat führt den Schießbefehl gegen jeden, der sich der Kaserne unbefugt nähert, aus und tötet sein eigenes Mädchen... Kein Wunder, daß sich bei einer derart fügsamen Bevölkerung der despotische Zarismus jahrhundertelang und der menschenverachtende Marxismus volle siebzig Jahre halten konnten. –

Als Onkel Elias 1917 nach seiner Notmatura eingezogen wurde, freute er sich zunächst so darüber, daß er die frohe Nachricht auf dem Heimweg jedem Fremden lustig zuschrie und durch die Scheiben hindurch hineinschrie: »Ich darf in den Krieg!« Nachdem er aber drei Wochen lang mit ruthenischen Soldaten zusammen marschiert war, kämpfte er dau-

ernd mit den Tränen. Von ihren Liedern war ihm
ganz schwer ums Herz geworden. Später kam er nach
Italien.

Salo, der Schandfleck
der Sippe

Sowohl bei den Gottesmanns wie auch bei den
Jäckels nahm man es zwar als selbstverständlich an,
daß alle Söhne intellektuell begabt sein würden,
überprüfte aber dennoch regelmäßig deren Fähigkeiten und Schulfortschritte in kleinen häuslichen
Examen, die jeweils einer der älteren Männer der Familie gegen Wochenende vornahm. In der höchsten
Schulstufe, und das bedeutete: schon vom achten Lebensjahr an, mutete man den Knaben bereits die
scharfsinnigen und komplizierten scholastischen Talmuddebatten in aramäischer Sprache zu. Von den
Sechsjährigen erwartete man noch kein Aramäisch,
aber doch schon so viel Hebräisch, daß sie ein-
fachere Teile aus der Bibel lesen und übersetzen
konnten.
In den Cheder – die Religionsschule – kamen die
Knaben aber schon vierjährig. Und schon nach wenigen Wochen nahm man an, daß sie das hebräische
Alphabet kennen müßten, das man auch für die jiddische Sprache verwendet, obwohl sie im wesentli-
chen kein semitisches, sondern ein germanisches
Idiom ist. Beim häuslichen Examen ließ man also die
Allerkleinsten jiddische Wörter buchstabieren ...
Bei einer solchen Hausprüfung kam es nun im
Hause der Jäckels zu einer kleinen Katastrophe. Ur-

großvater Jäckel wollte von seinem Enkel Salo wissen, wie man das zugleich deutsche und jiddische Wort »Bank« schreibe – da nannte der Junge als Anfangsbuchstabe statt »Bejth« ein »Pej«. Statt Bank wollte er also Pank schreiben ...

Der Eindruck, den das geistige Versagen des kleinen Salo auslöste, läßt sich schwer beschreiben. Tagelang waren alle Männer der Sippe tief deprimiert, und die Mutter des Jungen wischte sich, sooft sie sich unbeobachtet glaubte, die Tränen aus den Augenwinkeln. Daß der Kleine kein approbierter Rabbiner werden konnte, lag auf der Hand. Eine Generation später hätte man sich weniger darüber aufgeregt. Man hätte sich gesagt: »Schön – zum Talmudgelehrten reicht sein Kopf nicht aus. Aber für einen Doktortitel an einer westlichen Universität ist der Junge noch lange klug genug.« – An einen solchen Ausweg dachten die Eltern aber nicht, und also trat der Familienrat zusammen und beschloß: »Am besten wird es sein, wenn Salo, der Schandfleck der Sippe, später einmal nach Wien auswandert.«

Wien – das war für die patrizischen Juden Ostgaliziens damals etwas ähnlich Verächtliches wie für die bürgerliche Welt ganz Europas Amerika. Es war der Ort, an den man mißratene Familienmitglieder abschieben konnte. Und vor allem wußte man, daß in Wien die geistigen Ansprüche, die an den einzelnen gestellt wurden, viel geringer waren als in Ostgalizien. Zwar sprach man damals viel vom Wiener Antisemitismus, den es ja auch wirklich gab. Aber eine höhere Beamtenlaufbahn war ja für einen Juden auch in Ostgalizien ausgeschlossen. Und in Wien gab es noch sehr viele andere Möglichkeiten daneben, die hier im slawischen Randgebiet fehlten. Man wußte natürlich auch, daß manche Wiener Gymnasiallehrer jüdische Schüler ungerecht behandelten. Aber man fand das nicht weiter tragisch. Schließlich saß man nicht im Heiligen Lande, sondern im Exil. Mochten sich die jüdischen Knaben also ein bißchen mehr anstrengen als ihre christlichen Kameraden. Und außerdem lehrte die Erfahrung, daß auch antisemitische Professoren vor echter Begabung kapitulierten. Es galt also nur, nach Abschluß des Gymnasiums ein Studienfach zu wählen, bei dem man nicht auf eine Staatsstelle angewiesen war. Es sei denn, man war bereit, als Entreebillett zur höheren Beamtenlaufbahn einen Taufschein zu erwerben. Dann waren die letzten Schwierigkeiten überwunden. Denn der Rassenantisemitismus hatte damals seinen Höhepunkt noch nicht erreicht.

Natürlich hätte auch die Taufe nichts geholfen, wenn damals in Wien die Taufbewegung unter den Juden ein ähnliches Ausmaß angenommen hätte wie bereits seit Jahrzehnten in Deutschland. Dann hätten die christlichen Wiener, aus Schreck über die zunehmende Konkurrenz, ihren Antisemitismus auch auf die Neo-Katholiken ausgedehnt. Einstweilen aber forderten sie nicht einmal in ihren antijüdischen Spottliedern mehr als die Angleichung an die nichtjüdische Umwelt. Und manche der Lieder forderten nicht einmal dies, sondern waren einfach drollig. So etwa jenes mit dem Text:

Haben Sie den kleinen Kohn gesehn?
Sahn Sie ihn vielleicht vorübergehn?

In des Volkes Menge,
da kam er ins Gedränge,
Da haben Sie den Schreck –
der kleine Kohn ist weg!

Sehr viel tendenziöser war ein anderes Spottlied, das aber schon die Assimilation an die nichtjüdische Umwelt Wiens als ausreichendes Mittel gegen den Judenhaß betrachtet und nicht einmal die Taufe fordert. Das Lied kam zur Zeit des Wiener Bürgermeisters Lueger auf, der sich die Herzen der Wiener zunächst mit antisemitischen Parolen erobert hatte, nachher aber die Juden weitgehend in Ruhe ließ. Von ihm – und nicht, wie man oft behauptet, von Reichsmarschall Göring – stammt die berühmte Antwort auf den Vorwurf, er verkehre doch selber mit Juden: »Wer a Jud is, bestimm i!«

Zum Verständnis des Liedes muß man wissen, daß orthodoxe Juden die seitlichen Schläfenlocken oft noch in der ersten Generation in Wien und weiter westlich beibehielten und daß die Chinesen damals lange Zöpfe trugen. – Und hier die Bruchstücke des Liedes, die ich noch weiß:

Meine Mutter ist eine Polnische
    (= polnische Jüdin),
Mein Vater ein Chines,
Drum laß ich mir ganz ungeniert
Wachsen lange Pej'ss.
Der Bürgermeister, der von Wean,
Das is a braver Mann –
Nur daß er die Pejkess
Garnet leiden kann …

Dann kommen mehrere Verse, in denen der halbchinesische Jude vergeblich nach einer Anstellung in Wien sucht, und zuletzt die Schlußzeilen:

Hinaus mit dir, du polnischer Chines!

Und wann du willst a Weaner wern,

Dann schneid dir ab die Pej'ss!

In der Tat gab es damals Wiener Publizisten, die den Wiener Antisemitismus einzig auf den Zustrom von Ostjuden mit Kaftan, Schtrajml, Pejess und Bärten zurückführten. Andere wieder, ein gut Stück scharfsichtiger, meinten umgekehrt, die überstürzte Angleichung dieser Ostjuden an die Wiener Sitten und Bräuche löse den Haß aus. Allerdings fragt man sich, was die unglücklichen Ostjuden hätten tun sollen, wenn sowohl das Festhalten an den traditionellen Sitten wie auch deren Preisgabe gleichermaßen Haß provozierten ...

Salo Jäckel, der als Fünfjähriger Bank mit P hatte schreiben wollen, wurde also, nachdem er zum jungen Mann herangewachsen war, mit Geld ausgestattet und nach Wien abgeschoben. Da ihm seine ganze talmudgelehrte Sippe ohnehin auf die Nerven fiel, fuhr er sehr gerne weg. Und er wurde dann in Wien der berühmte »Seiden-Jäckel«. An sein schönes und großes Geschäft erinnern sich noch alle Wiener jener Generation. Von seinen Nachkommen entkam in der Hitlerzeit ein einziger nach London. Von den »wohlgeratenen« Jäckels aber, die in Ostgalizien geblieben waren, überlebte nicht ein einziger ...

Die Tochter des
Wunderrabbis

Die Gottesmanns hatten nie den Ehrgeiz besessen, zu chassidischen Wunderrabbis aufzurücken, obwohl diese Zaddikim mitunter über ein abenteuerliches Einkommen verfügten und wie polnische Schlachzizen lebten. Sie hielten regelrecht Hof und hatten einen großen Dienerstab. Die Frauen der Sippe gingen in Samt und Seide einher. Ich erinnere mich, wie kurz vor dem Zweiten Weltkrieg ein chassidischer Jude zu uns nach St. Gallen kam und erzählte, er habe der überaus prächtigen Hochzeit einer Tochter seines Wunderrabbis beigewohnt. – »War die Braut schön?« wollte meine Großmutter wissen. – Der Jude dachte lange nach und sagte dann: »Wie soll ich das wissen? Schaut man denn einer Braut, die so über und über mit Perlen und Diamanten geschmückt ist, noch ins Gesicht?«

Einem Lumpen
leiht man nichts

Wiewohl also die Gottesmanns der Versuchung nach einer solchen Position immer widerstanden, und wiewohl auch mein Großvater Hersch mit dem Chassidismus nie sympathisierte, kamen doch häufig arme Juden und sogar Nichtjuden zu ihm, genau wie zu einem Wunderrabbi, um sich in schweren Lebenslagen mit ihm zu beraten. Er riet immer vernünftig, in religiösen Fragen vorurteilslos und human. Als er starb, folgten seinem Grabgeleit weinend viele, die keiner von uns kannte.

Ohne Zweifel beriet und tröstete er im Laufe seines Lebens Hunderte. Er sprach aber nicht darüber. Mir selbst sind nur drei Episoden dieser Art in Erinnerung geblieben:

Das war schon in St. Gallen. Zu Großvater kam ein aufgeregter jüdischer Kaufmann und erzählte, ein Kunde – ebenfalls Jude – habe sich bei ihm viertausend Franken geliehen und als Pfand den sehr teuren Pelzmantel seiner Frau hinterlegt. Jetzt aber, bei Winterbeginn, wolle er den Pelz zurückhaben, obwohl er den geschuldeten Betrag nach wie vor entweder nicht zahlen wolle oder nicht zahlen könne. Er, der Geldgeber, sei doch im Recht, wenn er die Herausgabe des Pelzes verweigere?

Großvater sagte: »Sowohl nach talmudischem wie nach jedem andern Gesetz sind Sie im Recht. Denn Bibel und Talmud verbieten nur, das Arbeitsgerät des Handwerkers zu pfänden oder den Mantel des Armen, der ihm nachts zugleich als Decke dient, als Pfand länger als bis zum Abend zurückzubehalten. Und auch das weltliche Gesetz, das ich nicht genau kenne, verbietet sicher nur, lebensnotwendige Dinge zu pfänden und oder über den Zeitpunkt hinaus zurückzubehalten, in welchem sie gebraucht werden. Davon kann bei einem Pelzmantel in der Schweiz nicht die Rede sein. Wir leben nicht in Sibirien. Die meisten Schweizer Frauen tragen überhaupt keine Pelzmäntel.

Aber was hilft's? Sollte die Frau des Gauners, mit dem Sie es zu tun haben, morgen erkranken, so wird er ausposaunen, Sie seien schuld, denn Sie hätten ihr den warmen Pelz im Winter vorenthalten. Das ist natürlich Unsinn, aber Sie haben ein schwaches Herz, und wenn Ihnen das Gerücht immer wieder entgegentreten wird, können Sie vor Aufregung einen Schlaganfall bekommen.

Geben Sie also den Pelz zurück und sagen Sie sich, daß Sie die Strafe, den Verlust, verdient haben. Denn einem notorischen Lumpen leiht man mit oder ohne Pfand kein Geld...«

Der Kaufmann gab also den Pelz zurück, obwohl der Betrag für ihn damals sehr ins Gewicht fiel, und er bereute es nicht.

Arme soll man nicht pfänden

Ein andermal kam eine arme christliche Frau, die sich ihr Brot mühsam durch Heimarbeit für einen Stickereifabrikanten verdiente. Sie hatte bei einem jüdischen Möbelfabrikanten ein bescheidenes Möbelstück auf Abzahlung erworben, nun waren diesen Monat die erwarteten Arbeitsaufträge ausgeblieben, sie konnte die Rate nicht zahlen, und der Mann wollte das Möbelstück wieder abholen lassen. Die Frau weinte.

Großvater begab sich sofort zum Möbelfabrikanten und sagte: »Zwar verbieten Bibel und Talmud nur, einem Armen Lebensnotwendiges wegzupfänden oder wegzunehmen, und die Frau könnte notfalls auch ohne jenes Möbelstück leben. Sie ist aber arm und ehrlich. Bekommt sie wieder Arbeit, dann wird sie zahlen. Bekommt sie keine, dann wird sie nicht

einmal wissen, wo sie ein trockenes Stück Brot her-
nehmen soll. In einer solchen traurigen Lage darfst
du ihr nicht auch noch das Stübchen leerräumen!«
Der Kaufmann befolgte Großvaters Rat. Die Frau
bekam wieder Arbeit und konnte ihre Raten zu Ende
abzahlen. Aber auch wenn sie es nicht gekonnt hätte,
hätte er ihr das Möbelstück gelassen.

Großvater rät zur Mischehe

Am stärksten hat sich mir die dritte Episode einge-
prägt, denn in diesem Fall gab Großvater einen Rat,
der scheinbar gegen ein wichtiges Talmudgesetz ver-
stieß. Eine arme Jüdin, Frau eines hilflosen Hausie-
rers, kam weinend und klagte, ihre Tochter sei drauf
und dran, einen Christen zu heiraten. Großvater solle
ihr die Absicht doch ausreden.
Nun nehmen Juden die Heirat eines Familien-
mitglieds mit einem nichtjüdischen Partner an
sich nicht auf die leichte Schulter. In sehr frommen ostjüdischen Familien galt ein Täufling oder ein
christlich Verheirateter in der Familie als eine genauso große Schande wie ein Gehenkter. In Żółkiew
gab es ein junges, hübsches und sogar ziemlich wohl-
habendes jüdisches Mädchen, das keinen Mann
fand, weil ihre Cousine einen Christen zum Mann
hatte. Die Schadchonim offerierten ihr nur fragwürdige Partien: Berufsspitzel oder Männer mit schlech-
tem Leumund.
Natürlich lösen sich alle Probleme, wenn der nichtjüdische Partner sich zum Judentum bekehrt. Aber

seit der Römerzeit, in welcher zeitweise ein volles Drittel der Bevölkerung im ganzen Reich entweder dem Judentum beigetreten war oder doch mit ihm sympathisierte, haben die Juden aufgehört zu missionieren. Heute pflegen die Rabbiner jedem Christen, der zum Judentum konvertieren will, sogar abzuraten. Erstens, weil es sich ein jeder wirklich mehrmals überlegen sollte, ehe er sich und seinen Nachkommen ein jüdisches Schicksal aufbürdet. Und zweitens, weil die Konversion nur selten aus echten religiösen Motiven erfolgt. Meist sind es nichtjüdische Frauen, die einer guten Partie mit einem Juden zuliebe den Glaubenswechsel ins Auge fassen. In jenem besonderen Fall war aber ohnehin nicht zu erwarten, daß der junge Schweizer sich seiner Braut wegen zum Judentum bekehren werde. Dennoch fand Großvater, man solle das Mädchen ruhig ihren Christen heiraten lassen. Und er begründete es so: »Im Talmud steht, daß der seine Tochter zur Hure macht, der sie zu lange unvermählt sitzen läßt. Natürlich wäre es wünschenswert, daß deine Tochter einen Juden heirate. Sie ist ein nettes Mädchen und kann einem jungen Mann ohne weiteres gefallen. Aber sie ist mittellos. Und offenbar findet sich aus eben diesem Grund kein jüdischer Bewerber. Hätte ich noch mein Vermögen, so würde ich ihr eine Aussteuer spenden. Ich habe aber alles verloren und kann nicht helfen.

Im Talmud steht außerdem, man möge, wenn sich für die Tochter nicht beizeiten ein passender Partner findet, sogar den Knecht freisprechen und mit ihr vermählen. Nach unsern Gesetzen steht dem Mädchen also in jedem Fall ein Ehemann zu. Findet sich kein Jude, so hat sie ein Recht darauf, einen Christen zu heiraten.«

Das Mädchen heiratete den Christen, und dank Großvaters Einfluß setzten sich die Eltern nicht für sieben Tage auf den Boden, um die Tochter wie eine Tote zu betrauern, sondern behielten mit ihr und ihrem Mann sogar Kontakt. Schmerzliche Probleme hätten sich aufs neue ergeben, wenn das Paar Kinder bekommen hätte. Denn nach jüdischem Gesetz sind die Kinder einer Jüdin in jedem Fall gleichfalls Juden. Die Komplikationen blieben aber allen erspart, denn das junge Paar blieb kinderlos.

Ausklang
und Ende

Zur Hochzeit meiner Mutter strömten 1910 gegen siebzig nahe Verwandte zusammen. Von ihnen überlebte niemand die Hitlerzeit. Nur die sehr schöne Tochter Greta eines Vetters, des Juristen Leo Gottesmann in Lemberg, die aber damals noch nicht auf der Welt war, entkam. Hier die Geschichte ihrer Errettung:

Ihre Familie war bereits hingemordet. Sie selbst hatte ihr dunkles Haar hellblond gefärbt und war von Lemberg, wo sie daheim war, nach Krakau gefahren. Wie alle Juden, die in der Hitlerzeit ohne Judenstern außerhalb des Ghettos lebten, mied auch sie jeden Ort, wo sie auf Bekannte stoßen konnte. Denn es gab zu viele Polen, die jeden Juden an die Deutschen denunzierten. Manche taten es der kleinen Fangprämie wegen, andere aus purer Bosheit.

Zwar gab es in Polen, anders als in Westeuropa, keine Kollaborateure der deutschen Besatzung. Mit der Ausrottung der Juden waren aber fast alle Polen einverstanden. Mit dem Rassenwahnsinn der Deutschen hatte das nichts zu tun, sondern mit wirtschaftlichen Fragen: Man hatte sich im Lande so lange relativ gut miteinander vertragen, wie die verschiedenen Volksgruppen auch verschiedene Berufe ausübten und einander folglich auch sozial gut ergänzten. Jetzt aber rückten immer mehr Polen und Ukrainer in die ehemals rein jüdischen Sparten ein, fanden die tüchtigen Juden als unerwünschte Konkurrenz vor und waren fest entschlossen, sich ihrer durch jedes beliebige Mittel zu entledigen.

Natürlich war Greta aber auch in Krakau ihres Lebens nicht sicher. Denn die Polen wußten sehr genau, daß nur die wenigsten Juden so aussehen wie eine Karikatur aus dem »Stürmer«, und sie achteten daher auf die minimalsten jüdischen Rassenmerkmale. Greta aber hatte zwar klassische Gesichtszüge, jedoch dunkle, melancholische Mandelaugen mit schweren Lidern darüber. Jeder Pole wußte, daß es solche Augen zwar im ganzen Nahen Osten und in Südeuropa, nirgends aber in nordslawischen Siedlungsgebieten gibt. Und hatte man einmal aufgrund solcher Rassenmerkmale Verdacht geschöpft, dann war es relativ einfach, die Frage nach »Jude oder Nichtjude« zu entscheiden. Verdächtige Männer zwang man, sich zu entblößen: Das jüdische Grundgebot der Beschneidung hinterläßt ja lebenslängliche Spuren. Bei Frauen ging man ein wenig differenzierter vor: Man examinierte sie in katholischen Gebeten und Kultbräuchen. Auch wenn sie sich darauf vorbereitet hatten, gaben sie sich meist in einem Detail eine Blöße. Dann waren sie verloren.

Greta war sich der Gefahr bewußt. Sie gab sich Mühe, auf belebten Plätzen in der Menge unterzutauchen. Manchmal wärmte sie sich in einer Kapelle ein wenig auf. Nachts hielt sie sich unter Brücken verborgen.

An einem Morgen aber war sie so durchgefroren und ausgehungert, daß sie es doch wagte, ein Café zu betreten. Sie bestellte ein Glas Tee. Für Gebäck reichte ihr Geld nicht mehr. Sie fiel einem romantischen Polen auf, der dort frühstückte. Ein Blick auf ihre dunklen Augen, die so wenig zu ihrem hellblond gefärbten Haar paßten, genügte ihm, zu begreifen, was es mit der schönen Frau auf sich hatte. Er hatte sich aber auf den ersten Blick in sie verliebt. Also setzte er sich zu ihr und ließ einen Teller voll Kuchen kommen. Die Gier, mit der die elegante Dame das Gebäck verschlang, zerstreute noch seine letzten Zweifel über ihre Herkunft und Situation. Also lud er sie zu sich nach Hause ein und erzählte ihr, er sei frisch hergezogen, seine Frau sei kurz zuvor gestorben und er sei noch im Besitz ihrer Papiere. Da man hier vom Tod seiner Frau nichts wisse, könne Greta die Papiere als die ihren ausgeben.

Greta nahm dankbar an. Als Ehefrau eines hohen katholischen Beamten, obendrein versehen mit einem einwandfreien Geburtsschein, war sie unangreifbar. Die beiden hatten dann einen Sohn. Nach Kriegsende verließ Greta den Polen und zog mit ihrem Kind zusammen nach Israel. Der Junge ist mittlerweile Akademiker und israelischer Offizier. Das künftige Schicksal des Sohnes im dauernd bedrohten Israel ist ungewiß. Der Vater starb einsam und verlassen in Krakau ...

Ein Bekannter, Christ und Pole, hat nach dem Zweiten Weltkrieg seine ostgalizische Heimat noch einmal aufgesucht. Es hatte sich alles verändert. Juden fand er keine mehr, oder doch keine, die an Tracht und Aussehen als solche erkennbar waren. Sonst hätten sie die Nazibesatzung ja nicht überlebt.

In Żółkiew überlebten übrigens nicht einmal jene wenigen, denen die Nazis aus irgendeinem Grund das Leben schenken wollten. Sie hatten zum Beispiel die jüdischen Bäckermeister verschonen wollen, weil sie eine Spezialität namens »parka« zu backen verstanden, eine Art Semmel, so leicht wie eine Flaumfeder. Tunkte man sie in Kaffee, so saugte sie sich sogleich voll wie ein Schwamm. Vor dem Krieg waren täglich ganze Waggons voll von dem leckeren Gebäck nach Lemberg abgegangen, wo sie in den Konditoreien zum zweiten Frühstück angeboten wurden. Auch die SS-Leute in Żółkiew wollten auf ihre »parki« zum Frühstück nicht verzichten. Als sie daher einen der besten Bäcker auf dem Bahnsteig sahen, wo er mit seiner Familie zusammen auf die Deportation wartete, zogen sie ihn aus der Reihe heraus und hießen ihn heimgehen. Er aber faßte Frau und Tochter unter den Arm und erklärte: »Ich sterbe mit ihnen zusammen.« Von den Żółkwer Bäckern hat keiner überlebt. Wie man die »parki« bäckt, weiß heute auf der ganzen Welt niemand mehr.

Auch einen anderen, einen Akademiker, wollten die SS-Leute am Leben erhalten, weil sie ihn in irgendeinem Zusammenhang brauchten. Aber auch er erklärte: »Wo meine Brüder hingehen, da will auch ich hingehen«, und bestieg freiwillig den Deportationszug zum Vernichtungslager von Belz.

In jenen Teilen Galiziens, die nicht an Rußland, sondern an Polen angegliedert wurden, gab es nach dem Krieg zwar noch eine Anzahl Juden. Später sind sie aus dem kommunistischen Polen vertrieben worden. Wie ernst es den Polen damit ist, die letzte Erinnerung an die einst fast drei Millionen zählende jüdische Minorität des Landes restlos zu tilgen, bewies seinerzeit ein polnischer Fernsehfilm. Er zeigte, wie liebevoll die Polen ihre alten Bau- und Kunstdenkmäler restaurieren. Der Raum aber, der als Werkstatt diente und entsprechend verschmutzt und vernachlässigt aussah, war eine herrliche alte Renaissancesynagoge in Krakau. Daß man auch sie ihres historischen und künstlerischen Wertes wegen retten sollte – auf die Idee war offenbar in ganz Polen kein Kunsthistoriker verfallen.

Daß unser Freund in Lemberg auch keine Polen mehr vorfand, wunderte ihn nicht weiter. Er wußte ja, daß sie nach dem Krieg westwärts vertrieben worden waren und heute in den ehemals deutschen Ostgebieten leben.

Was er aber nicht begriff, war, daß er auch von seinen ruthenischen Freunden keinen einzigen mehr in Lemberg antraf. Die Ruthenen hatten ja anfänglich mit den Deutschen sympathisiert und waren von ihnen entsprechend gut behandelt worden. Allerdings büßten die Nazis die Freundschaft der Ruthenen wieder ein, denn sie gaben ihnen denn doch gar zu deutlich zu verstehen, daß sie zwar gegen die Bolschewiken mitkämpfen durften, danach aber nur als Sklaven der deutschen Herrenrasse im großdeutschen Reich vorgesehen waren. Nach wie vor lehnten die Ruthenen, vorwiegend Bauern, das marxistische Bodenprogramm und folglich eine Angliederung an Rußland ab, aber sie wollten auch nicht mehr zu einem großdeutschen Reich gehören. Sie verwandelten sich in wilde antideutsche Partisanen.

Die Russen, die nach Kriegsende das Gebiet übernahmen, wußten sowohl von den anfänglichen Nazisympathien der Ruthenen wie auch von deren Wunsch, sich von Rußland abzulösen und in einem autonomen und selbständigen nichtkommunistischen ukrainischen Land zu leben. Sie deportierten und massakrierten daher die gesamte ruthenische Intelligenzija, ohne erst in jedem Fall die politische Ausrichtung der einzelnen zu überprüfen. Dabei folgten die Russen dem Begriff des »Intellektuellen« ungewöhnlich weit: Sie deportierten oder massakrierten auch die bescheidensten Dorflehrer. Man spricht heute in Lemberg zwar nur noch ukrainisch, aber es sind jetzt andere Ukrainer, die dort wohnen, als zuvor: Sie stammen aus Gebieten, die auch schon vor dem Zweiten Weltkrieg zur Sowjetunion gehörten ...

Das alles erfuhr unser Freund erst ganz allmählich bei seiner Suche nach alten Bekannten. Und er kam sich fast so vor wie jener Jude in einer Erzählung des ungarisch-jüdischen Schriftstellers Elie Wiesel, der als Überlebender aus einem Vernichtungslager der Nazis in seine zuvor fast rein jüdische Gemeinde zurückkommt. Vergeblich sucht er in den Gassen nach jenen typischen Gestalten mit Bart, Pejess, Kaftan, Schtrajml und den weißen Kniesocken zu den

schwarzen engen Kniehosen. Der Anblick der so restlos judenrein gewordenen Stadt kommt ihm wie eine
wüste Halluzination vor. Freiwillig begibt er sich ins
Irrenhaus und weigert sich, es je wieder zu verlassen.
Die ostgalizische Welt, in die ich hineingeboren bin,
ist für immer restlos entschwunden.

Tarnobrzeg Rozwadów

Baranow

Weichsel

Rudnik

Mielec

Rzeszów

Belzec

Oleszno

Leżajsk

Szczucin

Holbuszowa

Grodzisko

Dabrowa

Zolynia

Przeworsk

Lubac

Debica

Łancut

Jarosław

Pilzno

215

Rzeszów

215

Moso

Czudec

Dubiecko

240

Jasło

Dynów

Przemyśl

241

GALI

Brzożow

Nizankowice

Krosno

Garlice

Mrzygłod

Sanok

Samber

Jastiska

Lisko

Karpathen

Dukla

Ustrzyki d.l.

Drohoby

Bartfeld

N. Lupkov

Borysl

Sux

Hedvars

Cisna

Turka

Sztropko

Stenki

Saros

Eperjes

Zemplén

Simonka

Varanno

Homonna

N. Berezna

1082

Abos

N. Mihaly

Polonina rowna

1422

Also

Gólnicz

Verecke

Sztoj

schau

(Kassa)

Ungvar

Szolyva

Abauj

Szerednye

Torna

Uke

Munkacs

Bereg

Sátoralja Ujhely

Usan

Zegujlo

Saros Nagypatak

Bercaszasz

Tokaj

Tonbin

V. Szolos

Zombor

Kis Várda

Vasárosnam.

Ugocsa

113

Feher Gyarmat

Szabolcs

Matё Szalka

Halmi

Szt. Mihaly

Tisza

Jank

Bёks

Hajdu Nánás

N. Kallo

Nyiregyhaza

Nyir Bator

Szatmar Néme

U) Fejёrto

Szarm

H. Dorogh

26
Sokal
Belz
Rawaruska
Bug
Kamionka
Brody
234
Wolhy
Kremenec
Busk
227
Krasne
Złoczów
Lemberg
Zalosce
Jezierna
Zbaraż
Przemyslany
Komarno
Bóbrka
Tarnopol
Mikołajów
Ostrow
Skała
Chodorów
Podw.
Brzezany
289
Rohatyn
Trembowla
Grzymałów
Żydaczów
Chorostków
Stryj
302
Podhajce
Kopyczyńce
Halicz
Buczacz
270
Bolechow
Kałusz
Czortków
Dolina
Stanislau
256
Jagielnica
Tysmienica
Tłumacz
Seret
Obertyn
Horodenka
Tadwórna
Kolomea
Sniatyn
Delatyn
Zabłotow
Kosów
Kuty
Czernowitz
Körösmező
Berhomet
Máramaros
BUKOWINA
Bocsko
Radautz

Ein jüdischer
»Sommernachts-
traum« in der
pointierten
Nachdichtung
von Salcia
Landmann

Scholem Alejchem

Marienbad

Ein Roman in Briefen
Herbig

Langen Müller

Ein humoristisches Meister-
werk von Scholem Alejchem
(»Tewje, der Milchmann«) aus
der guten alten Zeit vor dem
Ersten Weltkrieg, als das heute
wieder erreichbare Marienbad
als weltbekannter Kurort in
höchster Blüte stand.

Eine Fülle von Informationen über jüdische und christliche Traditionen

Salcia
Landmann

JESUS
UND DIE
JUDEN

oder
Die Folgen
einer Verstrickung

Herbig

Basierend auf ihren hervorragenden Kenntnissen des damaligen politischen, geistigen und geistlichen Umfeldes der Ereignisse um Jesus von Nazareth, kommt Salcia Landmann in ihrem provokanten Buch zu verblüffenden Ergebnissen.

Herbig

*Das große
Epos vom
Verlust
der Heimat
im Osten*

HELGA LIPPELT
**Abschied von
Popelken oder
Ein Atemzug
der Zeit**
ROMAN   HERBIG

Die Geschichte einer
zerrissenen, aber in
Gedanken stets ver-
bundenen Familie wird
in diesem spannenden
Roman gekoppelt mit
authentischer, nacher-
lebbar gemachter Zeit-
geschichte.

Herbig